失われた日本人と人類の記憶

矢作直樹　並木良和

青林堂

【まえがき】

人類は、いまだに〝力こそ正義〟のもと力ずくで、有限資源を奪い合う弱肉強食の争いの世を演出しています。いうまでもありませんが、この〝力こそ正義〟の世界秩序は、第二次世界大戦の勝者によりつくられています。敗戦国日本は、戦勝国の怨嗟《えんさ》、憎悪と恐怖の投影を一身に受け、United Nations（「国際連合」と和訳されてきたが本来は「戦勝国」）の〝敵国〟として位置付けられたまま今日に至っています。

我が国が明治維新により世界の荒波に漕ぎ出させられてから、殖産興業に励み富国強兵を実現し、有色人種として初めての大国入りをしました。それが日清戦争の頃、ドイツ帝国皇帝ウィルヘルム二世が「黄禍論《おうかろん》」を唱え、列強の警戒心を呼び覚ましたのです。そして、日露戦争での辛勝後、米露の恨みを買い、今次大戦参戦へ導かれ、その結果敗れました。

私たちは、勝者であろうと敗者であろうと同じ人間です。国同士の政治外交の延長である戦争の結果に本来善悪はありません。ですが、有色人種の国日本の伸張が白人列強諸国に呼び覚ました強い違和感が、今次大戦での日本の敗戦により、彼らに躊躇《ちゅうちょ》なく国際法を踏みにじらせて、徹底的に日本人の精神と日本の国柄を破壊しました。

この3次元の世界では、私たちは生身のからだをもった生物です。からだを生かすためには自己保存が基本です。人の場合、この自己保存のためには単に肉体が生きるだけではなく、健全な精神の営みが要ります。健全な精神の営みは、自分の存在や自分を存在させてくれているご先祖様を含めた人々・ふるさとや国への感謝と矜持《きょうじ》に基づくものです。そして個人の集合としての国の存続が不可欠です。そのためには、まず人として「私たちが何者であるか」を知ることが前提です。

自分がどのような存在かを知るためには、本来のご先祖様から続く人の営みを知り、その生み出すエネルギーを正しく受け止めなければなりません。それが、日々を生きる上での心の拠り所となることと思います。そして、ご先祖様・ふるさとや国に感謝して大切にし、私たち日本人が〝大調和〟により世界を照らしていくという、これからやがて世界に果たしていく役割まで認識されることでしょう。

今回、ご先祖様の本当の姿に触れていくにあたり、並木良和さんにいろいろ教えをいただくことができることは本当にありがたいことです。この本をお手に取っていただく皆さまに少しでもお役に立てるなら望外の喜びです。

矢作直樹

【目次】

序章

本当の意識に目醒めるために

人類は異星人に創られた!?

矢作　最初は科学の話題から始めていこうと思います。

昭和五十九（１９８４）年に提案され平成二（１９９０）年に開始された「ヒトゲノム計画」というものがあります。ゲノムとはヒトの体の設計図であり、遺伝情報がつまっています。このプロジェクトは、ヒトの染色体を構成するＤＮＡの約30億塩基対の配列を解読したものです。壮大なプロジェクトで米英仏日の協力により進められました。そしてＤＮＡの二重螺旋《らせん》構造が発見されてからちょうど50年の平成十五（２００３）年に解読が完了しました。国際チームはそのデータを米国、欧州、日本の公的なデータベースを通じて公開しました。ヒトゲノムには約３万２０００の遺伝子があるということが推定されました（この数字は平成十六（２００４）年10月に発表された最終版論文でタンパク質をコードする遺伝子は２万２０００と下方修正されました）。その他にも、偽遺伝子、タンパク質をコードしない遺伝子、繰り返し配列、領域重複、非コードＲＮＡ、などさまざまな情報がもたらされました。ただし、そのときに公表されなかった大事な情報があると聞いています。

大変信頼している方から伺った話です。日本グループのリーダーの1人が彼に秘話として教えてくれたのだそうです。

DNAを解析してそこから先祖をたどると、いままでいわれていたのは、たとえば『聖書』を信じる人ならアダムから、つまり人類は1人の祖先から生まれたということになります。あるいは生物学的に考えれば最低でも1組の男女、つまり2人から創造されたということになるわけです。

ところが解析の結果は、米英日の3つのセンターそれぞれが共通して、行きつく先は8人の祖先で止まってしまったというのです。これが何を意味しているのか、科学者にはすぐにわかったと思います。人類は、これまで生物学でいわれていたような始まり方ではなかった。はっきりいうと、人工的に創造されたものということになります。

進化論というものがあります。

提唱したのはチャールズ・ダーウィンだとされていますが、実際はアルフレッド・ラッセル・ウォレスという人が考えたものです。ただ、ウォレスは進化論を提出する前に霊力が芽生えてしまい、それが間違いだということに気づいたので公表しませんでした。代わりにダーウィンが公表したという形になっています。

まあ、それはともかく、この進化論では8人の祖先で止まるということが説明できないわけです。

どういうことなのか?

はっきりいえば、地球外生命体が実験と失敗を重ねて、元になる8つの人間を地球上に創造したということになります。

今の人類がつくられたとき、つまりごく初期の過程において遺伝子を操作されたときには、一部異星人の遺伝子を入れたというか、それが使われたということもあったのですね。

つまり、地球上にいた恐竜や動物たちの遺伝子だけではなくて、宇宙からやってきた異星人の遺伝子も私たちの身体のなかに入っているのではないかと思うのですが?

並木　これは、地球はなぜ存在しているのか、地球とはいったい何だったのか、という問題にもつながっていく重要なテーマです。

結論からいいますが、地球はもともと生命を創りだす実験場として選ばれたのです。

宇宙のさまざまな星からさまざまな種族がやってきて、地球を舞台に生命を創りだす実験をしたんですね。DNAや染色体の操作に長《た》けている彼ら、存在たちが、そのとき地球にいた「もの」を使ってDNA実験を繰り返し、新たな動物や生命を生みだしていったのです。

一般的には「猿人」と呼ばれる動物が人類の起源だといわれていますが、それはまったく違います。「サル」というものは、異星人が創りだしたものなのです。

矢作　不思議なことですが、地球人は肉体的には他の宇宙からきた人と混血しているんですよね。

本来、生物学の分野では生殖できる、混血できるものだけを「同じ種」というようにとらえていました。でも大昔の地球人の身体は、異星人とも混血できていた。そこは大きく違うという感じがするのですが。

並木　本当にたくさんの異星人が地球にきていましたからね。こと座もそうですし、シリウス、プレアデス……いろいろな惑星から意識が参加してきたので。

矢作　肉体をもって3次元に生まれた人たちは混血、ハイブリッド種なので、昔はもう少し強かった部分もあったのでしょうね。ハイブリッド、いわゆる雑種の生命力が強いのと同じでね。

並木　ええ。結局はほとんどがヒューマノイド系、つまりヒト型なんですよ。地球外の知的な生命体の多くはそうです。まあ、なかには爬虫類やカマキリのような姿をした生命体もいますけどね。

どこまで話していいのかわからないので、ストップがかかるまで話します。

サルはもともと、地球にやってきた異星人たちの奴隷として創られたものなのです。だから知恵もあって、異星人が創りだした時点ではものすごく従順でした。けれども次第に反抗する意識が出てきて、突っかかってくるようになったのです。

異星人たちはサルには言葉を与えませんでした。そのほうがコントロールしやすかったからです。一方、僕たちの祖先は何だったのかというと、じつは水生の恐竜なのです。恐竜が僕たち人間の先祖なのですね。

もともとは水の中にいた恐竜に、あるＤＮＡを加えて、つまり遺伝子操作を行って人間の元になるものを創りだしています。

矢作 そうですね。私にもそのように見えます。水中にいた首長竜が対象になったようですね。

並木 したがって僕たちが学んできている歴史は――まあ、はるかに昔すぎてよくわからないということも事実としてあるのでしょうが――大きな勘違い、間違い、あるいは情報操作が行われていて、決して真実の歴史ではないのです。

ちなみに最近の僕は、本当の歴史を知ることで、人によっては夢の中でそれを思いだすかもしれないし、ある意味で刺激になればいいと思って、そういう話をしはじめています。

繰り返しますが太古の昔、たくさんの存在たちがこの地球にやってきていて、遺伝子実験を繰り返し、そのなかから最終的に僕たちが生き残ったわけです。ですから当然、「人間」と呼ばれるような存在は何種類もいました。「種族」といったほうがわかりやすいかもしれません。なかには尻尾が生えている「人間」もいたのです。

ただ、生き残るにはこの地球をしっかりと変化させていくような高い精神性と能力を備えていなければならなかったわけです。僕たち以外の種には、それが見られなかったのですね。

地球はあくまでも実験の場でしたから、存在は僕たちを観察していて、地球を監督していく意識、生成していく意識、改善していく意識、そして進化させていく意識が見られないときには、容赦なく絶滅させてしまうのです。そう、リセットです。

言葉を換えれば、僕たちは選ばれたわけです。彼ら（現在の人間）だったらなんとかできるかもしれない、なんとかやっていけるかもしれないという一縷《いちる》の望みで選ばれ、生き残り、現在に至っているのですね。

地球は宇宙との関わりのなかで存在している

矢作　人類は地球上でちゃんとやっていけると見込まれて選ばれた、という事実を本当に心したいと思います。

並木　普通なら、「いったい何の話？」ってなるでしょう？　だからいままでは、あまりこういう話はしたくなかったんです。

矢作　ただし重要なことは、現実を見ても……たとえば人類の起源についてみると、サルとヒトの間をつなぐ化石は出ていません。本来ならそういうところから、皆が気づくはずだと思うのですが。

もっというと現実は、理屈を重ねていったそのあとで、さらに直観を上乗せして初めて見えてくるものだと、そんなふうに考えてもらっていいのではないかと思います。

並木さんみたいな特別な人は別ですが、私のような普通の人間がそういうことをいったり、あるいは気づいたりするということは、別に特殊な能力を使っているからではないんですね。あくまでも論理思考の延長としてそこまでいくはずだと、そう思ってやっているわけです。

いまはこうして並木さんと一緒にお話をさせていただいていますが、立っている次元がまったく違うので、読者の皆さんには誤解をしないでいただきたいと思います。

私はあくまでも読者の代弁者としてここにいます。ですから、決して特別なことがいえるわけではありません。皆さんも必ず気づくような、そんなレベルのことから話していければと思っています。

さて、人間の起源、動物の起源ですが、いまおっしゃってくださったように、確かに人工的なものなんですよね。

地球もそれほど歴史が古いわけではありません。科学の世界では46億年前に誕生したといわれていますが、宇宙にはもっともっと古い星がたくさんあります。さらにいえば、次元が違う宇宙も無限にあるので、私たちより精神的・科学的に進んだ生命体はいくらでもいるわけです。

ですから地球という惑星は、最初から常に宇宙との関わりのなかで存在しているということを忘れてはいけないのだと思います。

異星人の乗り物を「ＵＦＯ」と呼びますが、これはとても失礼な名前ですね。

確かにこちらから見ればＵＦＯ（unidentified flying object ＝未確認飛行物体）ですが、向こうからすれば地球については、ちょうど私たちがたくさんのアリを見下ろしているような、そんな感じで見ているんだろうと思います。

人間はどうしても、自分中心にものを見ていく癖があります。私はこれを「自分中心天動説」と呼んで揶揄《やゆ》していますが、それとは別の視点を常に持つようにすれば、気づきが共有できるのではないかと思います。

大勢の人たちの意識は自然災害の流れも変える

並木　こういう話って、すればするほど変人扱いされるでしょう？

だけどこれから先、真実に気づき、目を醒ます意識がもっと多く出てこなければ、地球の変容のプロセスが大きな痛みを伴うことになりかねません。ですから、こうしたお話をしていくのも必要になってくるんですね。

ワンダラー、ＥＴソウル、ウォークインという言葉を聞いたことがある人もいると思います。

ワンダラーは地球外で輪廻転生を繰り返し、何回か地球に生まれてきた魂のこと。ETソウルも地球外の魂ですが、地球に生まれてきたのが初めてというケースになります。またウォークインは、事故や病気で魂が離れてしまった人の肉体に、別の霊的存在が宿ることをいいます。

僕はそのうちのワンダラーなのですね。つまり、過去の異星人時代には、地球で遺伝子操作の実験に加わった種族の側なんです。

どうしてそんな記憶を持っているのかというと、この情報をいつかは皆さんに知らせなければならないからです。人間のなかには、眠っているワンダラーもたくさんいます。その存在たちが目を醒ましていけば、それがそのまま地球の変革期への準備となるのです。

じつは皆さんが夢と呼んでいる次元においては、すでに「授業」が行われています。だからだれでも、寝ている間に「そこ」に行っているわけです。

もっと簡単にいうと、幽体離脱を通して行われているのです。自分の魂を肉体から離脱させ、その世界に学びに行っているのです。

ですからそうやって、これから起ころうとしていることを知り、自分がどう動くべきなのか、どう人を導いていくべきなのか、そうしたことを学んでいる人もたくさんいます。そしてこういう話を僕がすることで、過去世や夢での学びの記憶が失われている人も、そこはかとなく思いだすきっかけになるわけです。

ですからあえていま、大変人といわれる危険も顧みずにお話ししている、と。まあ、本当は何をいわれても全然気にしていないのですが。

南海トラフの動き

矢作　並木さんが敢えてデリケートな課題に言及されるのは、人々のためにという思いからだと感心させられます。そうすると、地震の話もそうしたことのひとつなのですね。

並木　ああ、南海トラフのお話ですね。

南海トラフを震源とする地震発生の可能性については、世間でもいろいろといわれていえます。実際、地下の情報に意識を向けてみると、やはり動きがあり、地殻やマントルの活動が活発になってきています。

まあ、僕がここで説明するまでもなく、皆さんすでによくご存じだとは思うのですが、たとえば環太平洋火山帯という、巨大な火山の連なりがあります。日本はその真っ只中に入っているわけですが、この火山帯のエネルギーが活発化すると、地震が誘発されていくわけですね。

平成三十（２０１８）年の年末にインドネシアのバリ島に行ったのですが、バリ島にはアグン山という火山があります。昨年くらいからこの火山が活発に活動し、噴煙を上げているのです。

じつはこのアグン山にはインドの破壊と再生の神、シヴァ神のエネルギーが降りています。そのシヴァ神から「アグン山に来い」といわれたので、３時間くらいかけて山を近くで確認できるところまで行ってきたんです。

シヴァ神がいうには、アグン山が噴火するということは、いよいよ大きな出来事、いってみれば神々の、あるいは宇宙の計画が始まるということなのだそうです。

破壊と再生というと、とてつもなく怖ろしいもののように思えるかもしれませんが、破壊がなければ創造もないですし、新しいものは生みだされません。古いものを手放さなければ、新しいものが入ってこない、といってもいいかもしれません。ですから令和元（２０１９）年は、本当にさまざまなことが動きはじめます。地震によって大地が動くのも、そういう大きな流れのひとつなのです。

ちなみに令和二（２０２０）年に僕たちは東京オリンピックを控えています。このオリンピックはなんとしても開催・成功させる必要があります。それは、日本という国の、ひいては世界の未来にとっても、とても大きな影響を与える出来事になるからです。

ただ、もしもその前に南海トラフが動いて大地震が発生してしまうと、日本全体が大打撃を食らってしまって、オリンピックの開催自体も危ぶまれることになります。

残念ながら人間の力では、地震そのものを止めることはできません。でも、一連の流れを少し先延ばしにすることや、溜まっているエネルギーをある程度分散させることならできます。

そこで僕は、南海トラフを震源とする地震が発生すればこれだけの規模になるといわれている予想図を、可能な限り小さいレベルに抑えたいと思ってそうした活動もしています。

本来ならばこの地震は、令和二（２０２０）年に起こってもおかしくないほど大地の動きが活発化しているのですが、皆さんが「えっ？　そんな状態なの？」と思ってそこに意識を向けはじめることで、流れが変わる可能性があるのです。止めることはできませんが、先延ばしにすることは可能になるかもしれません。

意識を向けるといっても、地震の流れを変えようとか、起こらなくしようということではありません。ただ、今、何が起きていて、どんな意識を持って生きていくことが大切なのかに焦点をあてるのです。

その延長で、令和二（２０２０）年には必ず東京でオリンピックを開催すると決める――そういう意図がとても大切なのです。

そうした部分も含めて、皆さん一人ひとりの意識が天災の規模や時期などを変えていく可能性を持っているということを、ぜひ知っていただければと思っています。

この間もある雑誌の取材で、南海トラフの情報を少しだけお話ししました。これも皆さんの不安をあおるためではなくて、大勢の人が意識することで、地震の流れ、タイムラインを地球や全ての人にとっての最善へと変えていきたいからなのです。

矢作　自然災害については、当事者になる方もいらっしゃるかと思います。ですから深刻な問題であることは間違いありませんが、それでもあまり過度に心配しすぎる必要はないと思うのですが……。

並木　そうですね。できれば東京オリンピックの時期を過ぎ、たとえば令和五（２０２３）年まで地震を起こさずに先延ばしにすることができれば、と願っています。僕が上

（ガイドや高次の存在たち）から聴いたことによると、それ以上に、あまりにも長く、その時期を延ばしてしまうと、反動が大きくなり、逆に地震の規模が大きくなってしまうこともあるんだそうです。

そして、その時期になれば、僕たちの意識もどんどん上がってきているはずですから、対策にしても何にしてもいまとは比べものにならないくらいすばらしいアイデアが出てくるはずです。そうなれば被害も最小限に食い止めることができるでしょう。

ただ、いずれにしてもこの大きな流れを変えるには、僕ひとりの意識だけではとても無理なのです。大事なのは地球全体の集合意識をつくりだしている僕たち一人ひとりが、ただ怖がるのではなくて、「自分たちの意識がそういった流れに影響するんだ」ということを知ることです。自分たちの意識の力がどれだけ大きいかということを、この時期に思いだすことが、いちばん大切であり、急務なのかなと感じています。

ネガティブな意図を持った宇宙的存在たちからの攻撃

矢作　ここで少し、地球の構造についてお尋ねしてもいいですか？

地学の教科書や理科の図鑑などを見ると、地球の内部構造の図があります。外側に卵の殻みたいなものがあって、その下には黄身のようにドロドロのマントルが対流していて、中心部には核がある、と。じつは、これは本当ではありませんね。

並木　本当ではありません。

皆さんも「地球空洞説」という言葉を聞いたことがあると思います。言葉のとおり、地球の内部は空洞になっているのです。そしてそこには、しっかりとした世界が構築されています。太陽も海も存在しているのです。動物もいるし、いわゆる地底人と呼ばれている存在もいます。この存在たち、つまり地底人ですが、じつは思いのほか地上に出てきているのです。

そういう意識で周囲を見渡してみれば、「この人、ちょっと人間離れしてる……」という人がいるはずです。

たとえば自分が毎日、通勤や通学で利用している電車に異星人や地底人が乗っているなんて思いもしないことでしょう。だから、スルーしてしまうのです。でも、そういう目で観察すれば、「あれ?」と気づくことも多いはずです。

簡単にいうと彼らは少し、僕たちとは波動が違うのです。たとえば彼らの特徴のひとつに、じーっと他者の目をのぞき込んでくるということがあります。そういう人がいたら疑ってみるだけでもいいです。彼らはテレパシーが通じるので、その瞬間に目をそらしたり、突然、車内から消えてしまったりするかもしれません。

彼らのなかには、ネガティブな存在もいて、そういう存在に気づく人が増えれば増えるほど、僕たちの集合意識も変わっていくのです。彼らは今日も電車のなかであなたの隣に座っていたかもしれません。もしかするとじっと見られていたかもしれないのです。ときには笑いごとでは済まされない場合もあります。見られているということは、ある意味情報を取られているのです。ですから、もしも読者の皆さんが今後怪しいと感じるようなことがあったら、その場でシャットアウトしてしまいましょう。自分の周りが、シャッターを閉めるように扉で囲まれるイメージをするだけでいいのです。

「まさか? そもそも異星人なんていつ、どうやって来訪しているんだ?」

そういって未だに嘲笑する人も少なくありません。けれど、彼らはこの地球に本当にやってきているのです。ただ、巧みに一般の人々のなかに紛れているので、異星人であることに気づかないだけです。

平成三十（2018）年、カリフォルニアで大きな火災がありました（11月にアメリカのカリフォルニア州で大規模な山火事が発生。東京23区に相当する面積が焼失したと伝えられている）。あのとき僕はシャスタ山（カリフォルニア州北部にある聖山）に行っていたのですが、煙で空気が濁ってしまい山が見えない状態でした。

火事が起こっていることも知らずに行ったので、アメリカに住んでいる友人が「大丈夫？　帰れる？　何か困ったことがあったら何でもいって！」と心配して連絡をくれたぐらいです。いったいなんの話だろうと思っていたら、「火で取り巻かれているんだよ」と。

結論からいうとこれは、いまだに地球に入ってきているネガティブな意図を持った宇宙的存在たちからの攻撃です。こんな話をして「そんなバカな！」という反応をされるのは承知の上で、そして「頭がおかしいんじゃないか？」と嘲笑されるのも覚悟の上でお話ししているのです。なぜなら、こうした話をしていかなければならないほど、今、僕たちは意識を変えていかなければならないときを迎えているからです。

どういうことかというと、僕と同じような役割をもっている意識が地球を変革するための情報を流そうとしたり、地球人に気づきを起こさせようとする動きがあれば、一方ではそれを妨げようとする意識も存在するのです。僕たち地球人が目を醒ましていくと、彼らは僕たちをコントロールできなくなってしまいます。だからそうさせないように、平成三十一（２０１９）年以降はそういった事件が多くなっていくはずです。

平成二十三（２０１１）年3月11日の東日本大震災も、あるいは平成十三（２００１）年9月11日のアメリカ同時多発テロ事件も、僕たちの意識を下げるために起こされたものです。

誤解を恐れずにいえば、人工地震であったり、気象コントロールであったり、そういうことはすでに人の力で作為的に起こせるようになっているのです。ただ、僕たちの大半が、「そんなことはできるはずがない」と思いこんでしまっているので、真実を知ろうとする一部の人たちの間では既知の事実であるにも拘《かか》わらず、なかなか表には出てこないだけです。それがまた、彼らにとっては好都合になっているのです。

だから、多くの人がそういうこともありうるんだという意識を少しでも持てるようになれば——少なくともそういう情報に向けて意識のアンテナを張っていけば——彼らも思うようには動けなくなるわけです。だから僕は、あえてこういう話をしています。

「そんなバカなことがあるわけがない」といって片づけてしまうのは簡単ですが、いま起こっている地球の変化を冷静に客観的に眺めてみれば、「なるほど、確かに不自然なことが起こっているのかもしれない」と気づけるのではないかと思います。

たとえばインフルエンザが、なぜ毎年のように大流行しているのか？　皆さんにはその理由がわかりますか？

「冬だからだよ」ではないんです。インフルエンザのウィルスが意図的に撒かれているからなのです。「また始まった」ではなく、読者の皆さんにはそこを超えて、真実を見る目を養っていただきたいと思っています。

こうした部分に気づき、目を醒ますことができれば、どれだけ世界でインフルエンザが蔓延していても、その人はインフルエンザの脅威から抜けることもできるようになります。たとえばインフルエンザのワクチンの無効性や、それを打つことでの影響などを知るだけでも、「大流行」からは遠ざかることができるでしょう。これはだれよりも、お医者さんたちがいちばんよく知っている事実のはずです。

だから陰謀論で片づけてしまうのではなく、事実として起こっているのだという意識を多くの人が持てば、そういった現象はどんどん減っていくことになります

人口コントロール計画

矢作　おっしゃったように、それによってだれが儲かるのか、だれが何のためにしているのかということを考えれば、そこには必ず因果関係というものがあるわけです。だから、決して突飛なこととは思いません。

インフルエンザにしても、なぜ「流行らせる」のかといえば、薬品業界が儲かるからということもありますが、それだけではないのですね。

ひとつには、地球の人口が増えすぎてしまったということがあります。そしてそれを、世界を動かしている人々が本気で問題視しているのです。

彼らはそこで、人減らしの方法をいろいろと考えました。インフルエンザの流行もそのひとつです。

けれど現実を見ると、暴力的な方法ではなかなか人口は減らないのですね。実際、テロや戦争が絶えない地域でも人口は増えつづけています。逆にここ70年以上も戦争がない日本では、人口が減少に向かっているのですね。どういうことかというと、人口の増減は意識の進化の結果に関わっているということです。

敢えて少しぼやかしていいますが、いま世界を動かしている人たちが考えているような暴力的なやり方ではなく、人間一人ひとりが気づいて、「何のために生きているのか」ということを真剣に考えると、自ずと人口は減っていくのです。

じつはアメリカのクリントン大統領の時代（大統領就任時期は1993〜2001年）に「グローバル2000」というレポートが出されました。千数百ページにもわたる分厚いレポートですが、最初の項目として「世界の人口を20億人に減らそう」とあるわけです。「グローバル2000」というタイトルですから、21世紀に向けての対策ですが、いまの人口が約75億ですから、3分の1以下にしようというのですね。

彼らの場合、あくまでも力で人口を減らすことを考えました。戦争しかり、インフルエンザしかり、最近出てきた新型ウィルスの疾患も、そういう目的で創られたものですが、それではどうしても人口は減らないのです。

並木　本当に人口を減らしていこうという動きがあるんですね。

でも、いま矢作先生がおっしゃっていたように、これからは出生率そのものが下がっていきます。ということは、つまり不妊の人たちが多くなるのです。

これは病気ではなくて、僕たちの意識の進化の過程、そのプロセスにおけるひとつの現象なのです。

僕はいつもいっているのですが、そうした流れのなかでは自然と食欲もなくなっていきます。本当の意識に目を醒ますことで、あらゆる面が満たされていくのですね。本当に高いエッセンスに触れるといろいろと満たされて、その結果、食欲もなくなっていく。

暴飲暴食というのは逆に、不足感から起こるという面もあります。

たとえば人から愛されていないと感じていたり、金銭的なゆとりがないと思っていたりすると、そういう満たされない心が暴飲暴食を招くことがあるのです。逆に満たされれば、自然と食欲は少なくなることになります。

たとえばですが恋をすると、「胸がいっぱい」になってあまり食べられなくなるでしょう。あれはある意味で満たされているからなのです。これから目醒めていく意識たちは、本当の自分、つまりハイヤーセルフとの融合により完全に満たされるようになるのと同時に、それによってプラーナという生命エネルギーそのものを十分な量、摂取することができるようになるため、食物による栄養摂取を必要としなくなってくるのです。これにより、食料問題に対する意識も変化していくことになるでしょう。実際、既に不食を実践する人たちも出てきているのです。

ところで残念ながら僕たちはまだ、コントロールされた世界のなかで生かされていて、それに多くの人たちが気づいていない状態です。まさに支配者層の思うがままです。

でも、矢作先生がおっしゃっているように、彼らにしても決して何もかもがうまくいっているわけではありません。彼らの作戦が失敗に終わっている理由は、そうさせないだけの光の勢力が増えているからです。だから、彼らの計画は100パーセントまでは実現できていないのです。

僕がいいたいのは、「もっと意識をオープンにしてください」ということです。そうすれば読者の皆さんのもとにも、真実に関する情報が引き寄せられてくるようになります。陰謀論だと思うかもしれませんが、陰謀論自体、彼らによってばらまかれているものでもあるのです。

陰謀論というのはよくできていて、「そんなことをすれば真実がバレてしまう」のでなく、そこで僕たちの感情が激しく動かされることが狙いなのです。つまり、怒りや不安、あるいは恐怖によって冷静に判断できなくなり、かえって真実が見えなくなるからです。

だから、情報が入って来たら、今度は何が真実で何が真実ではないのかを、しっかりと見極める必要があります。難しくはありません。しっかりと心の声に耳を澄ませば、自ずとわかるようになります。その情報に触れることで、スッキリ心地良い感覚を感じるのか、居心地悪く感じるのか……前者は真実、後者はそうではありません。そんな簡単に判断して良いのか、と思うかもしれませんが、まずはあなたの心の声を聴く練習が必要なのです。僕たちは、あまりにも頭に頼りすぎてきてしまって、真実を感知することができる心の声が聴けなくなってしまったのです。頭では真実を知ることはできません。最終的にそれが真実であることを感知するのは心（ハート）なのです。そしてそういう意識を持つ人が増えれば増えるほど、地球そのものが変わっていくことになるわけです。

ルーツを思いだす

矢作　では、本書を始めるにあたって、まずは並木さんにいちばん大切なメッセージを伝えていただこうと思います。

並木　まずいいたいのは、僕たちのルーツを思いだしていくことがとても大切だということです。

というのも僕たちは、コントロール・グリッドのなかにずっと閉じこめられるように生きてきたという歴史があって、貨幣経済にしても何にしても、結局はコントロール・ゲームなんです。つまり、貨幣経済をつくった存在たちというのがいるわけです。

そういう僕たちを支配する存在に言及していくことで、僕は皆さんの記憶を揺り動かそうとしています。なぜならそういうことは、はるか昔から僕たち人類の意識に刷りこまれるようにして受け継がれてきたことだからです。したがって、こういうところから思いだし、目醒めていくことが重要になります。

これまで、だれかにコントロールされているとは露ほども思わなかった僕たちが、「え？本来この世界の全てがコントロールされていたんだ？」ということに本当の意味で気づき、ゲームを終わらせることができたとき、僕たちは真に目を醒ましたことになるんですね。

令和元（２０１９）年は、そのゲームを終焉させる重要な鍵になる年でもあります。

僕の話には、いわゆるトンデモ話のようなこともたくさん出てくるかと思います。でもそのときに頭でジャッジして、「そんなことがあるわけがない！」と決めつけてしまうのではなく、少しでも心をオープンにして、「夢物語を聞いている」という意識でかまいませんから、まずは耳を貸していただきたいのです。

そうすれば必ず、皆さんの記憶のなかに甦ってくるものがあるはずです。

「私はこれをするために生まれてきたんだ」

「そうそう、こんなことがあったような気がする」

そうした記憶は封印されているだけ、皆さんが忘れてしまっているだけなのです。

この忘れ去った記憶を甦らせることが何よりも大事であると、存在たちもいってきています。

今、僕のもとに来ている存在は「菊理媛神（ククリヒメノカミ）」という女神なのですが、この神様はおそらく皆さんが思っている以上に大きな存在です。なぜなら宇宙の破壊と再生をつかさどり、時代の移行期をサポートするべく、大宇宙をまたにかけて働く女神だからです。

それから天の川銀河には、簡単にいうと評議会、マスターたちで構成されている議会があります。天の川銀河は、宇宙にたくさんある銀河のうちのひとつでしかありません。宇宙にはほかにもたくさんの銀河が存在していて、それぞれに中央議会があります。これはそれぞれの銀河のマスターたちで構成されている中枢のようなものです。そしてそこからも僕は、メッセージを受け取っています。

これについてはこれから詳しく触れていくことになると思います。そして本書では、そういう存在たちからのメッセージが次々と届けられることになるはずです。

第一章

すべては縄文から始まった

本書参考年表

2億年前	パンゲア
1億3000年前	地球でDNAの実験が始まる
1億年前	人類が創られる
250万年前	レムリア、アトランティス文明が起こる
1万5000年～8000年前	縄文文明の最盛期
1万3000年前	レムリア大陸、アトランティス大陸が沈む
9000年～6000年前	いわゆる“四大文明”の発祥
7500年～5000年前	天孫降臨
3000年前	大陸から人が入り始める
2670年前	神武天皇即位
2500年前	ギリシャ勃興、お釈迦様誕生

重要なのは女性性

矢作　先ほど、人類のルーツは恐竜にあるとおっしゃっていましたが、そうなると人類の発祥は結局、恐竜と一緒で1億年くらい前という認識でいいわけですね。

並木　そうです。ゆうに1億年はたっています。1億3000万年前には地球であらゆるDNAの実験をしようとして、たくさんの種族が宇宙から入ってきていますので。

矢作　最初の、いまの人類の祖先が世界に8人いたという話ですが、たとえばもともとの場所として考えられるとしたら、アフリカ大陸に2人、アジア大陸に1人、そして日本に1人、アトランティス、レムリアあたりに1人ずつ……。

並木　アトランティス、レムリアというのは、太平洋、大西洋という意味ですか？

矢作　そうです。だいたいそのような分布をしていたのではないかと思うのですが。

並木　あとはそこに含まれるのかどうかわかりませんが、現在のロシアに当たる地域ですね。そこにもいたようです。

矢作　ああ、それはユーラシア大陸ということで、いちおうアジア大陸に入れておいたのですが。

並木　まあ、アジアですね。

矢作　なるほど。そうなると結局、アフリカ大陸が2人、アジア大陸が2人、日本は1人でいいですか？　あとはアメリカ大陸に1人。そしてアトランティスとレムリアの大陸に1人ずつ、と。

並木　8人を分布させると、そんな割合になりますね。エネルギー的にもちょうどバランスがとれますから。

矢作　そのバランスというところがすごく重要で、いまの科学はエネルギーの流れやバランスについては考えないので、レムリアやアトランティスといった現在存在していないものは想定に入れません。2億年前の超大陸パンゲアが1億年かけて今の大陸に分かれていったということになっていて、2015年に日本のグループによりシミュレーションもされています。ところが、そうすると大前提がおかしなことになってしまうわけです。

よく太平洋のところには大きな穴が空いているというようにいうのですが、実際はそれぞれの場所からエネルギーが出るようにバランスよく配置されているはずなのです。

並木　もちろんそうです。宇宙はやはりバランスがとれるようにできています。全体として調和がとれているので、たとえ表面的には、そうは見えなくても、結果的にバランスが反映されるんですね。

たとえば地図を見ると、太平洋には環太平洋火山帯があります。あそこがちょうど、レムリア大陸の縁に当たる部分でした。

矢作　ちなみに1人からどうやって人口が増えていったのかというと、無性生殖なのですね。意識が高ければ、男女による生殖ではなく、自らの意思により意図的につくっていくことができたわけですね。

並木　処女懐胎をしたとされる聖母マリアもそうでしたからね。イエスというのはワンダラー、宇宙人なのです。

高度に進化した宇宙的種族というのは、矢作先生がおっしゃったように子供をつくるときに肉体的な生殖機能は不必要になります。だから遠隔操作で妊娠させることもできるのです。現在の「常識」では信じられないことかもしれませんが、宇宙種族にとっては可能なことなのですね。

矢作　ちなみに最初につくった種族で生き延びたのは、ぜんぶ女性ですよね？

並木　そうです。だから女性は生命力が強いし、底力があります。

矢作　キリスト教でも、男性のアダムから人類が生まれたというのが間違いなのであって、重要なのは女性性なんですね。

並木　生みだすエネルギーなので、極性はそうですよね。

ムー、レムリア、アトランティス

矢作　少し、大雑把なことをお聞きします。時代が進んで人類の歴史からみれば比較的最近の話ですが、今回の文明の出発点になるので。

前の文明のレムリア大陸とアトランティス大陸が沈んだのは、ちょうど1万3000年くらい前だと感じます。それに対して、ムー大陸が沈んだのはいつくらいのことですか？

並木　大陸が沈んだというよりは、ムーの民たちがその土地を離れていったんです。

ムーの存在たちというのは、レムリア人やアトランティス人とは違って、物理的な存在ではないのです。レムリア人、アトランティス人は、初期のころ、まだ時代の黄金期と呼ばれる高い波動を維持していたときを除いて肉体を持っていたために、水におぼれるという恐怖、痛み、苦しみを体験していますが、ムーの人たちにはそれがありません。

矢作　ということは、ムーは次元がちょっと高かったということですね。それでムーは、実際にはどれくらい前にいたのですか？

並木　少なくとも250万年以前です。

矢作　250万年というと、まさに桁が違うわけですね。ただ、いまの科学でいうと人類のおおもとになる種が誕生したのが約400万年前とされています。これが正しければ、人類の祖先と共存はしていたわけですね。

並木　科学の世界でいわれている以上の歴史を、僕たちはもっています。ですから、科学を基準にするとわからなくなってしまうのです。

「だってそういうふうにいわれているのに、そんなことってありえないでしょう？」

そういう言葉が真実を見えなくさせるのですね。

矢作　そうなると今度はレムリア文明、アトランティス文明の始まりはいつくらいになりますか？

並木　出だしの時期という意味ですか？

矢作　アトランティス大陸が沈んだのは、1万3000年前といわれていますよね。では始まりは？

並木　でもレムリアもアトランティスも、ルーツのルーツをたどっていくと、やはり250万年前くらいにまで行きつくわけです。ですから、もっとずっと長い。

矢作　なるほど。ではそんななかで、南極大陸はどういった意味をもっているのでしょうか？

　南極大陸の地下にはいろいろなものが埋まっているともいいますし、かつては巨人族が暮らしていたという話も聞きますが。

並木　南極大陸というのは、言い方を変えるとアトランティス大陸でもあるんですね。アトランティス文明に関するさまざまな秘密やテクノロジーが隠されている。つまり、埋められているのです。

　巨人族もかつては暮らしていました。ただし巨人族は世界中にいて、アイルランドなどもそのひとつです。

　巨人族だけではありません。ケンタウルスなどの半人半獣もいました。もちろんこれは、遺伝子操作によるものです。ですから神話や伝説の話ではありません。本当に実在していたのです。

　いずれにせよ、南極大陸に関しては、これから新たな発見もあると思います。というのは、氷が溶けるから。あの分厚い氷に覆われていることで、地中に隠された秘密が守られてきたということもあるわけです。

矢作　当然、かつては氷に覆われていない、暖かい気候だった時代もあるということですよね。

並木　もちろんです。

アトランティス文明が栄えていた時代には、南極は現在の温帯に近い気候でした。少なくとも1万3000年以上前のことですね。そこから氷に閉ざされていったわけです。

矢作　そうするといろいろな意味で、1万3000年前がひとつの分水嶺ということになりそうですね。

並木　はい。ポールシフト（南極と北極の間で地磁気が逆転する現象）が起こったのもほぼその時期です。

矢作　ムーからレムリアへというのは、先ほどおっしゃった250万年くらい前を境に、文化がムーからレムリアへ移ったという理解でいいのですか？

並木　はい、そうです。

矢作　結局、レムリアとアトランティスは海中に沈み、ムーは精神的な存在でそもそも肉体も物質的なものももたなかった。だから、証拠となる遺跡が存在しない、と。

移ったのは250万年前からですか?

並木 そういう文明は、実際にはいくつもあるんです、痕跡すら残っていないという文明がね。

矢作 見方を換えれば、ムーなどはわざわざ3次元に落とす必要がなかった、ということなのでしょうね。

結局のところ、みんな勘違いしているのは、そういう文明がかつてあったというのなら、地球のどこかに――つまり3次元的に――土地として存在していたはずだ、ということなのです。でも、そうではなかったということに気づいてしまえば、別に難しい話でもなんでもないわけです。

並木 勘違いといえば、ムーとレムリアがまったく同じものだといっている人もいるくらいですからね。

実際、レムリアも初期のころはものすごく肉体の密度が薄かったのです。それが、だんだん波動を落とすことによって濃くなっていったんですね。

矢作 ムーがそこに存在した理由、つまりまったく別世界のものともいえる高次元のものがそこにあった理由というのは、地球の進化過程として、そういう意識体がある時期に地球上で進化を遂げて、また別の意識体としてほかの次元に移動したと、そういう理解でいいんですね？

並木　そうです、そうです。

レムリアとのつながり

矢作　ところで文明についてですが、同じものがずっと長く存在するのではなくて、途中に空きというか、一種の空白期間があるものだと思います。

だから仮に1億年、人類が存在していたとしても、1億年の間、ずっと同じ文明が続いていたのではなく、盛衰というか、発展しては絶滅しかかり、また発展しては絶滅しかかるという繰り返しだったのではないかと思うのですが。

並木　そうです。発展しては衰退して、そこに救世主が現れるわけです。その繰り返しだったといっています。

矢作　日本列島も環太平洋という位置にあるので、縄文文明は当然ながらレムリア文明とも重なっているわけです。でも縄文文明にしても落ちこんだ時期はあったわけですね？

並木　文明のレベルとして衰退した時代があったのか、という意味でしょうか？　でも、ここで衰退という言葉は適当なのでしょうか？　「上」がいっているのは、いわゆる本当の縄文文明は1万5000〜8000年前だったということなのですが……。

矢作　それは縄文文明がいちばん栄えていた時期ということですね。

並木　いわゆる「ザ・縄文」ということです。

その前から種はあったらしいのですが、いわゆる縄文文明といったときには、1万5000〜8000年前という幅があります。

矢作　発祥という部分では、やはりレムリア文明とくっついている？

並木　レムリアからの流れなのですよね、結局は。

矢作　「縄文はレムリアからきた」と、いいきっていいわけですね？

並木　もちろんです。

矢作　だとしたら、レムリア人は日本列島に渡ってきているし、ここで増えもしたことでしょう。もちろん混血もしたでしょうし。

縄文人が日本の南側の地域から北に広がっていき、朝鮮半島や北海道まで住み着きました。後に大陸からきた人々が本州・四国・九州を中心に縄文人と混血していくわけです。なお、それまで長らくあった縄文の核になった地域は南から北まで広く点在していたという認識でいいのですか？　なお、この〝大陸からきた人々〟というのは今の朝鮮半島やシナ大陸の人々ということではなく、ユーラシア大陸全域という意味で用いています。彼らは、1）樺太、2）シナ大陸から台湾、3）カムチャツカ半島から千島、を経てやってきました。なお朝鮮半島には縄文人が住んでいたので朝鮮半島経由での移住はほとんどありませんでした。少なくともゲノム解析からも今の日本人（縄文人のゲノムを引き継ぐ割合の高い順に、いわゆる〝アイヌ人〟、〝オキナワ人〟、〝ヤマト人〟の3集団とも）は大陸の近隣の民族にはないDNAの頻度が高いという特徴があります。

並木　アイヌの人々もそうですから、東北にもそういう核は存在していますね。

一方、南は沖縄、与那国もそうですし……。

現在ではアイヌの人々は北海道ですし、与那国は沖縄諸島です。つまり南北両極端の地に、それぞれ強いポイントがあるということになります。また、日本列島全体を見渡したときでも、ここはそういうエネルギーがあってものすごく薄い、弱い、あるいは濃い、強い、そういう表現をすることもできます。

矢作　人間が増えていくというのは、やはり集落とともにということでしょうから、それをつくっていくなかで強いところも弱いところも自然発生的にあって、ということになるわけですね？

並木　どうしても中心になる場所というものはありますよね。しかもそういうところには、時空のポータル（表玄関。入り口）が存在していたといっています。そのポータルを通して宇宙文明とつながりをもっていた、関わっていたといっています。

縄文文明が世界のルーツ

矢作　世には、世界最古の文明は数千年前のいわゆる四大文明（メソポタミア文明、インダス文明、黄河文明、エジプト文明）だという仮説があります。

でも縄文時代はわかっているだけでももっと前の1万6500年前から存在していました（青森県外ヶ浜町《そとがはままち》の大平山元《おおだいやまもと》遺跡）。

そのころからすでに、ある意味ではいまよりも進んだ文明をもっていました。

文字もあったし、天体の運行も当然わかっていました。何より、高次元の意識の対応の仕方をよく知っていたわけです。そして日本列島を原点に、縄文文明を担った人たちはもっとも栄えていた1万5000～8000年前に縄文の知恵を伝え広めるために世界中に散っていきました。

このように、縄文というものが世界の文明の根底にあるという大枠を押さえておかないと、本当のことが見えなくなるかと思います。日本の文化は大陸から、ここ数千年の間にやってきたのだと思いこんでいる人もいるかもしれないけれど、大本はそうではないんだということが重要なのですね。

繰り返しますが、人類の文明はいわれているよりももっともっと古いし、今回の文明が最初に起こったのはここ日本列島なのだ、ということですね。

並木　それも偉大な文明が、ですよね。

矢作　だからこそ、これからも日本は重要な役割を果たしていくわけです。それを「愛と調和」という言葉にすると平たくなって、「なんだこれ？」となってしまうのですが、そういう薄っぺらいことではなくて、それを広める力、強い意志の力、もともと持っている魂のレベルについて語っているわけです。そして個々のそうした魂が集合意識としてひとつにまとまれば、それはものすごい力になるということを皆さんには感じていただきたいです。

並木　それはね、まさに日本人がすごいパワーを持っているということとイコールなのです。潜在的なポテンシャルとして、とにかく日本人はそういう力を持っている民族なのですね。

だから誇りを持つべきなのです。自分が日本人であるということに誇りを持ち、自分のルーツに思いをはせるだけで、深いところで活力が湧いてくるでしょう。そのルーツが何なのかわからなくてもかまいません。自分が今世、日本人であるという、そのルーツに意識を向けてみようとするだけで、深いところからエネルギーが湧いてくることに気づくのです。

矢作　私も、こういう話をする狙いは何なのですかと聞かれたら、「皆さんに日本人であることを思いだしてもらって、その力を発揮してほしいから」ということに尽きます。

並木　そうです。だれにも日本人として生まれてきた役割、意味というものがあるんですよね。でも、実際は日本人というだけではなく、地球人でもあり銀河人でもあり、さらにその外に広がる広大な宇宙の住人なのです。そのなかでこの地球に生まれてきたのは、この地球が大変革期を迎えていて、それをスムーズに移行させるためです。

今、この時期において重要なことはアセンション、次元上昇しかありません。アセンションのタイミングはこれまでに何回もやっています。でも毎回、失敗してきたという歴史があります。

だけど今回のアセンションの波は、宇宙のほかの存在たちでさえ体験したことがないほど大きなもので、だからこそ重要なのです。これは地球だけでなく、宇宙全体がシフトアップする壮大なスケールのもので、僕たちは今、そういう時代を迎えているのです。

詳しくお話しすると長くなってしまうのですが、そういう大事な時期を迎えているからこそ、日本人として生まれてきた自分の役割、今回のアセンションへ向けて日本がどんなことを世界に発信していかなければならないのか、そこに意識を向けることが重要になってきます。

さっきの言葉、「愛と調和」ですが、大和国の「大調和」のエネルギー、これは実際、日本に潜在しているものです。このエネルギーが解放されたら、地球全体を包みこんでしまうほど大きなものになります。それを起動させるのは、僕たちひとりひとりの意識なんですね。

縄文のテクノロジー

矢作　平成三十（2018）年の夏、東京国立博物館で「特別展『縄文―1万年の美の鼓動』」という企画展がありました。私も見にいったのですが、とても興味を惹かれたのが縄文土器で、その中でもいわゆる火焔型土器はすばらしいですね。どう見てもこれってトーラス（編集部註／フリーエネルギー理論のひとつ）じゃないですか。そういう背景があるから、あの器は、祭りに使うだけではなく、入れておいた食べ物や飲み物が腐らなかったはずなんですよ。

並木　ええ、長く貯蔵できますよね。

矢作　そういう目的・用途がわかっているからこそ、彼らはわざわざあの複雑な紋様の縄文土器をつくったわけで、火焔の複雑な構造は決して飾りではありません。

それなのに現代の研究者や学者たちは、なぜそんなこともわからないんだろうと、すごく不思議に思っているのですが。

並木　そういう力があるのは、材質ということもきっとあるでしょうし、トーラスから発生するエネルギーフィールドの影響もあるでしょう。あるいは、形に宿るエネルギーというのもありますしね。何よりも、つくった人たちの意識がとても高いんですよ。

矢作　よくいわれるような装飾だけの問題ではなくて、こういう形だからこそ、すごく高いエネルギーを持っている。形に意味があるんですよね。それを彼ら縄文人は知っていたわけです。

並木　それにあの形は、僕たち一人ひとりのなかにある縄文のＤＮＡを活性化させるエネルギーも持っています。

矢作　そもそも縄文土器ひとつをとっても、いまの人にはつくれないんじゃないですか。

並木　すごく精巧ですよね。

矢作　あれはただ単純な紋様ではなくて、エネルギーの流れを減衰させないための特殊な紋様なんですね。そんな縄文土器ですが、よくあるようなレプリカでも、本物とある程度は似たようなことができますか？

並木　レプリカで、本来の能力を再現できるかということですか？

矢作　ええ。というのはレプリカには、つくった当時の人のエネルギーまでは入らないかと思われますので。

並木　エネルギー的には確かに落ちますが、それでも形に意味があるんです。

矢作　そうですよね。つくった人のエネルギーによる相乗効果までは期待できないけれど、そこそこの力はある。

並木　縄文人はそれだけ、高度なテクノロジーを持っていたんですよ。

矢作　それなのに頭で考える人は、必ずこういうんです。「それならなぜ、弥生時代になると縄文文明は消えてしまったんだ？」と。

その答えとしては２５００年ほど前、つまり日本ではその少し前より大陸から入ってきた人々が縄文人と混血していって弥生時代が始まったころに、洋の東西を問わず人類が左脳、理屈で考える進化のフェイズに入ったということが挙げられます。

精神性という面から見ると、そこでガクッとレベルが落ちているんですね。

並木　そうですね。縄文時代は宇宙的な「存在」とのコネクションが、すごく強かったんですよ。縄文人から見ればそれは神々ということになるわけですが、要するに地球外生命体、異星人です。そういう「存在」が地球から撤退したことによって、テクノロジーも精神文化も幼稚なものになってしまったんです。

矢作　地球だけで考えると、人間は進化の方向に向かっていると錯覚しがちですが、そんなに単純なものではない。この宇宙には自分たちだけが存在しているわけではないので。縄文時代には宇宙とコネクションがあって、精神的には非常に進んでいたわけですが、それを断ち切ったのでむしろ落ちたという、そういう意識がすごく重要だということに気づくことが必要ですよね。

並木　いわゆる神性とのつながりですね。

矢作　人類の歴史として見れば、たとえば古代ギリシアの勃興は2500年前、お釈迦さまの誕生も2500年前です。ですから、ちょうどその時代から人類は頭で考えるフェイズに入ったということになります。逆にいえばそこから、人類の精神性のなかの神が遠くなっていきました。そこのところが理解できれば、いまの「力こそ正義」というこの世界など、ずっと続くわけがないと気づくはずなんですが。

並木　そうです。だからまた、元の精神的な世界に戻ることになる。

矢作　だからこそ縄文が大切なんですね。それにはまず、1万5000年も前の人がなぜこんなことができたのか、そのことに直観で気づかないといけない。

並木　「1万年も前なんだ。すごいな」ではなくて「いったいどういうことなんだ?」と気づくことが大切でしょう。残念ながら現代人は、そういうふうに感じる力、感性が本当に鈍ってしまったんです。

神々とつながっていた日本人

矢作 たとえば青森県の亀ヶ岡遺跡から出た、有名な遮光器土偶がありますね。遮光器、つまりサングラスをしているということですが、そうではないでしょう? どう見てもこれは、宇宙服を着た異星人の姿そのものです。そんなこともわからずに、遮光器土偶と名前をつけてしまう。

そういう感性、逆にいえば見たままを素直に受け入れることができない感覚というものが、非常に危ないと思っています。当然、それに対する説明も間違っているということになりますから。

並木 これは要するに、いまの知識だけでまとめようとするからそうなるんですね。知っている知識にあらゆることを当てはめようとしているんです。ですから、真実を語っているわけではない。

矢作 当時は大なり小なり、ヒューマノイドというか、人間に似た姿の異星人がたくさん地球にきていたわけで、そうなると厳密に「これは地球人だ、これは何星人だ」と区別していく必要もないわけです。

要はほかの星や次元からやってきた人もたくさんいて、この地球上で彼らも学び、地球人も意識を上げていった、と。そういうことがあったことを実際に感じてもらうことが重要なんだろうと思います。

だって、この土偶なんて、間違いなく異星人なのですから。

並木　そうです。彼らはこういうものを通して、後世に自分たちの文明に何があったのかという記録を残すという明確な意識をもってつくったといっています。そういうことを僕たちは感じ取っていく必要があるんですね。

矢作　ですから、大切なのはまず、今回の文明では縄文文化が世界最古だということを知る。次にそれを世界に伝えていかなければいけないということなんです。

なぜかというと、文化・文明はすべて日本から世界に広まっているからです。

世界四大文明の創成といっても、たかだか9000〜6000年くらい前の話です。でも日本列島には、神々（地球外生命体：以後、神々と表現）とつながっていた時代が1万6500年前から、大陸から人が入り始める3000年前まであった。期間にすると1万

3000余年の間、神々とつながった人々がいたということなんですね。

いまの日本列島とは形こそ違いますが、1億年くらい前にはすでにシナ大陸の原型、のちの日本列島の原型があったので、そこに日本人のもととなる「ヒト」がつくられました。それがだいたい1億年前のことだと思います。

大陸でも似たような「ヒト」がつくられたのですが、こちらはやがて――具体的には3000年くらい前に――日本列島にやってきた。これが縄文人と混血して弥生人になったというか、弥生人の一部となったという理解でいいですね？

並木　はい。そしてそれらの「マザー」たちがそれぞれの人種のルーツにもなっていますね。そのため人種や民族の傾向というか、あるいは国民性とでもいうのでしょうか、そういう違いが出てきています。そのときですが、日本列島の特定の場所には光の柱が立っていました。つまり、そこに降りるべくして降りてきたわけですし、配置されるべくして配置されていますね。

当然、地政というか、地脈的な性質のエネルギーが合う合わないということもあるわけです。だから日本はやはり、アジアとは違う。いわゆる「8人のマザー」たちは、同時期に存在していました。寿命にしても、結局は生命力の違いなので、それによっても長いものも短いものもありました。

矢作　その「8人のマザー」ですが、寿命もそうですが、それぞれ特徴というか、差はありますね。当然、エネルギー的に見てバランスを意識しながら置かれていますし、逆にいうとその土地でしか育たなかったわけですから。

並木　そうです。その土地のエネルギーや、あるいは地場の問題、地脈の問題、そういったものがありますから。

矢作　それに合ったものしか生き残れなかったわけですね。

並木　そういう意味では、その土地にとってはそのタイプが完璧なんです。

矢作　ああ、いわゆる「雛型」そのものですね。

並木　そうです、そうです。

矢作　ところが縄文時代の終わりに大陸から人がどんどん入り始めて、先ほどお話ししたように、神々と人間が離れてしまうという時期がきた。神々はあらかじめそれを見越して、そのはるか前に日本列島で天孫降臨がなされたわけです。これは、神々と離れるというフェイズに人間が入ったときに、唯一、日本という場所を中心として神々とつながった人々を残すためでした。

こんなふうに縄文に想いを寄せるだけでも、その時代のエネルギーが現在の私たちに流れてくるので、それを受け取ることができるかと思います。

世界と一体化しても個の意識は残る

並木　僕たちはもともと高い意識をもった存在でした。その高い波動をわざわざ落として、地球に降りてきたのです。逆にいうともともとの意識が高いので、一部の意識は肉体を脱ぐと、つまり亡くなるとすぐに神の世界に還ることができたわけです。

矢作　完全調和ですね。

並木　そうです。でも、地球上での経験になじんでくると、地球の周波数である、一般的にネガティブと呼ばれる感情に染まり、波動が落ちることで、ずいぶんと重くなってしまいます。そうすると肉体を脱いだあとでも、かつてはあそこまで上がれたのに、そこまで行けずにここで止まってしまう、ということが起こってきます。それが積み重なって何層にも層が分かれるようになったんです。つまり極端にいうと地球には、死んだ人の数だけ層があるといってもよ過言ではないんですね。

でも、究極的には元のひとつなる意識に戻ることになります。そして意外に思われるかもしれませんが、一体化しても個は残るんです。

矢作　不思議なもので、全体でもあり、個でもある。自由に残っている。

並木　皆さん、死ぬと自分という個が消えてしまうと思っていて、それを恐れてもいるのですが、個が消えてしまうことはありません。

矢作　不思議な話に聞こえるかもしれませんが、それが感覚的にわかれば皆さん、ずいぶん安心できると思うんです。高い意識の状態であるならば、みんなで集合意識になるのと同時に個でもいられるという。

並木　いってみれば、ダイヤモンドのファセットなんですよね。個は面。ダイヤモンドはひとつひとつ面という個を持っています。

矢作　結局、ダイヤモンドですよね。個のレベルでも、たとえばですね、ＡＢＣという３つの魂が１セットになって、Ｄという人ができているとしたら、ＡＢＣとＤもそれぞれ個性として残るということですね。

並木　はい、残ります。それが多次元的に存在するということです。感覚的なことは、言葉に表すのが難しかったりするのですが。

矢作　複雑そうに見えるけれども、感覚的には当たり前のことだというのが読者の皆さんにもわかってもらえると嬉しいですよね。

全体でもあるけれど、同時に個の部分もちゃんとあるということが……。

並木　個はちゃんと残るんです。

矢作　それを感覚的に持っているとごく自然のことなんです。でも、頭で考える人にはわかりづらいのではないかと思います。

並木　簡単にいうと、無数の点でつくられた球体があるとします。個はその中心にある点なんです。ただし中心はひとつではなくて、あらゆる点が中心になり得ます。矢作先生から見れば先生が中心だし、僕から見れば僕が中心。だから皆が中心なんです。

矢作　量子論でいうところの観測問題ですね。

並木　あ、そうです、そうです。

矢作　ところで地球のような3次元以外の惑星にも、輪廻転生はありますね。

並木　あります。3次元以外だと5次元でも、もちろん転生はしますよ。

矢作　次元は関係なく、出てくる場所が3なのか4なのか5なのかという違いだけであって、完全調和の世界と実際に落ちた次元の世界を行ったり来たりするという構図自体は、まったく一緒ということですね。

並木　ただ、3次元以上の世界になってくると、いろいろと状況も変わってきます。たとえばレムリア大陸の黄金期の意識は、5次元以上の世界を体現していました。そうなるとたとえば今の僕たちのDNAは、一般的に二重螺旋構造ですが、当時は十二螺旋、二十四螺旋、三十六螺旋構造を体現していたんです。

それは今の人間をはるかに凌駕する能力を発揮し、いわゆる皆が神と呼ぶような才能を発露し、神人のごとく地球を闊歩していたことを意味しています。もちろん、寿命もそれにあわせて何万年、何十万年と長くなるのですが、そうなるとこの長い寿命のなかで、どのタイミングで抜けるか――つまりいつ肉体を脱ぐのか――も、意図的に決めることができたわけです。

アトランティスより早い日本の文明

矢作　話を縄文に戻しましょう。

平成二十四（2012）年の「ネイチャー」という学術雑誌に、稲の起源元に関する論文が掲載されていました。稲の遺伝子を解析したところ、9500年前に中国南部の珠江中流域から始まったことがわかった、と。つまり、今の日本の栽培稲の祖先である野生稲が大陸起源であるとのことです。

ところが、私にはそれより前に縄文の稲が日本から大陸に伝わったと感じられます。この研究結果とは異なりますが、なぜかはっきりとそのように感じられます。

並木 稲は日本列島から大陸に広まったということですよね？ そうです、稲は大陸から日本に渡ってきたのではなくて、もともと日本列島で自作されていました。

矢作 それはどれくらい前なのかわかりますか？ 私は縄文時代、少なくとも1万年以上前ではないかと思うのですが。

並木 少なく見ても1万2000～5000年は前でしょうね。「存在」たちは、はるか昔からだといっていますから。

矢作 『古事記』の天孫降臨《てんそんこうりん》では、邇邇芸命（ニニギノミコト）が熊本県と大分県の境くらいの場所に降りてらっしゃった。その当時、稲もみが地域に配られたということが、言い伝えとしてちゃんと残されています。少なく見積もってもそれは、5000年前の話です。

つまり、天孫降臨に際し、天照大御神（アマテラスオオミカミ）が稲穂を天孫、邇邇芸命に託したという話も、決して絵空事ではなく、現実のことなのですね。しかもかなり質のいい稲を邇邇芸命は持っていたと思われます。

並木　僕に見えている稲には、色がついているんですよ。

矢作　色ですか。

並木　それもいろいろな種類の色のついた稲です。

矢作　では、その色の秘密を読み解けば……。

並木　そうです。で、それらは結局、さまざまなものの種（しゅ）になっているんです。

矢作　ああ、稲以外のいろいろなものに……。

並木　そうです。そういったものも多くの場合、ルーツは日本なのです。さまざまな情報や文化についても日本が発祥の地なのだと、存在たちはいっています。日本で発祥したものが世界に広まっていき、そこでアレンジがなされて逆輸入されてきたものが多くあるということでしょう。

アトランティス、レムリアというのはものすごく精神性の高い文明でしたが、それらの文明より前に、日本列島にはさらに高い精神性を有した文明が栄えていたのです。

矢作　たとえば梅の木や桃の木にしても、シナ大陸から奈良時代〜平安時代に日本に入ってきたということになっています。けれどもその元になったものはもっとはるか昔に日本からシナ大陸に渡っていて、それが最近の、たかだか２０００年弱の間に再び日本に戻ってきたものというふうに視えます。

並木　日本からかつて５〜６種類の木や果実が出ていって、逆輸入のような形で再び入ってきています。

矢作　最初に日本からシナ大陸にそれらが渡ったのは、まだ日本が大陸と陸続きだったころ、つまり１万年より前だった、ということでいいんですよね？

並木　そうです。１万年前より前です。もっといえば、レムリアの時代にもそういうことはあったのです。

矢作　私は、そのことをいいたかったんです。それなのにいまでは、梅も桃もシナ大陸からきたという話になってしまっています。

並木　じつは、そのあたりのことに関わっているのが木花之佐久夜比売命（コノハナノサクヤヒメノミコト）なんですけどね。

矢作　桃は日本神話にも登場しますね。黄泉の国に生えていた桃の実が、意富加牟豆美命

（オオカムヅミノミコト）と呼ばれるようになります。それなのに桃は、中国産といわれてしまう。

並木　ねじ曲げられることがありますね。

矢作　もっと簡単にいってしまうと、きれいなものはみんな、日本からシナ大陸に渡っているのだ、と。

並木　ええ、そういっても間違いではないですよ。もちろんぜんぶではありませんが、ほぼそういうことです。

矢作　結局私は、感覚が大切だということをいいたいのです。だっておかしいですよね。木だってエネルギーを交えるので、言葉は悪いですが、重たいエネルギーの土地でそういうことが起こるわけはないでしょうにね。

並木　日本から発祥していると「存在」たちはいっていますから。もっというと、世界のどの文明も日本の影響を受けている。そういっても過言ではありません。

決して日本をひいきしているわけでも、あるいは日本を上に見ているということでもなく、上の「存在」がいうには「日本は世界の雛型である」と。これはまさに、日本からさまざまなものが発祥しているということですよね。日本はとても高いポテンシャルを秘めていて、日本人のＤＮＡには縄文のＤＮＡというものが存在するといっています。それが僕たちにも刻印されているわけです。その封印を解いていかなければならない、と。

ただし、それには僕たち人間の意識、認識力が広がっていく必要があります。そうでないと、真実は開示されません。量子力学の世界でも、観察者の意識によって結果が変わる、という問題がありますよね。言い方を換えると、観察者の意識が変われば、そういう歴史的事実、あるいは年代でさえも変わり得るんですね。

矢作　パラレルワールドと同じ仕組みですね。

神々の魂が日本に降りた

並木　得られている結論が真実か真実でないかは別にして、科学的に確定しているとされるさまざまな「常識」を根拠にして、つくられている集合意識というのがあるんです。

矢作　ということは人間の認識が進めば、従来の科学的な方法ではわからなかったことも、新たな事実として出てくるという理解でよろしいですね。

並木　そうです。それまでわからなかったことが出てくるし、検出できなかったものが検出できるようになります。

矢作　人間は、いま自分たちが手にしている方法で真実がわかっているし、それが世界のすべてだと錯覚しがちです。けれども、その方法では根本的に俎上《そじょう》にさえのせられない真実もあるわけです。たとえば高次元の存在などはその最たるものです。そういうものがやがては見えてくるという、そういう理解ですね。

並木　逆に、いまは科学的な思考の結論として出ているものでも、必ずしもそれが真実ではないということがわかってくるわけです。

矢作　私の場合はそういうことが、いわゆるイメージでしかやってこないので、どうしても人様の前で言葉にすることには遠慮が出てしまうのですが。

たとえば私には、縄文時代の稲は、水田を必要としていない、いまでいう陸稲のようなものだったと見えるんですね。

ですからいまの稲は、たぶん天孫降臨以降のものなのだと思います。

これを栽培するには、水田というくらいですから、たくさんの水が必要になります。でもそれ以前は陸稲だから、水はあまり必要なかったんですね。それが縄文の遺跡に水田が残っていない理由です。でも、稲作に利用した平地は残っています。要するにいまの水田というのは、とても手間がかかるし、不自由なものなのです。でも縄文時代には、麦のような感じで稲をつくれたわけです。

並木　確かに、そう視えます。

矢作　遺跡として水田が残っていないから、稲なんかあったはずがないと思いこんでいる。それだけの話なんですね。

並木　つまり、形態が違うんです、つくられ方のね。いまでいう稲も、1万5000年前からありました。

ただ縄文時代というのは、いい意味でもっと自由に稲をつくっていたわけです。土器もトーラスを表しているわけで、このなかに入れておけば水も食物も腐らなかった。ある種のフリーエネルギーを上手に活用していました。

矢作　そうですね。だから私も、ものすごく高いエネルギーを感じるんだと思います。ただ、ひと言で縄文といってもかなり広い範囲だったので、場所や人によって濃淡があったのではないですか？　密接に神様とつながっている地域もあれば、多少は薄れているような地域もあった。それぞれによって、彼らがつくる土器も違って見えるんです。

並木　ええ、やっぱり中心地というものはありますよね。神々との交流が盛んな土地というものは、どうしてもあります。

ただ、これからはそういうことが、たくさん出てきます。だって、いままでの歴史だって9割が間違っているんですから。


矢作　そうですね。直観的におかしいと感じることは、ほとんどが最終的には間違っているわけですから。ただ、私も多少なりとも科学をやっていた人間なので、それをどうやって論証するかということになると、ちょっと工夫がいるなと思っています。

でも、縄文が従来いわれているような小さなものではないということだけは、明らかにわかります。

すごく雑な直観でいわせていただくと、魂の進み具合というか、特質からいって、シナ大陸から何かが始まった、文明が起こった——いろいろな意味でそういう進化が起こった、などということはない、というふうに感じられるんですね。

世界の雛型というか、日本というところに神々が魂を降ろされている。この状況を前提とすれば、そんなはずはないというか、これは違うということが、すぐにわかると思うのです。

並木　これからは、そういう感性がとても大切な時代に入っていきます。とくにこれから

3年の間は、精神面でものすごく大きな変化が起こるはずです。それをしっかりと受け止めることが重要でしょうね。

宇宙のテクノロジー

矢作　並木さんの2冊目の本（『みんな誰もが神様だった』弊社刊）じゃないですけど、縄文時代までは「私たちが神様だった」ということに気づく方法は具体的にあるのでしょうか?

並木　エクササイズ、ということでしょうか?

矢作　できれば日本の古代の叡智《えいち》ということで……縄文の人たちがやっていたことをそっくりそのままできれば、いちばんいいのですが。

並木　縄文人たちは、陰陽の統合ということを手を合わせる形でやっていました。わかりやすくいうと合掌《がっしょう》です。これは陰と陽のエネルギーを統合するための「型」なのです。もちろんそのままというわけではありませんが、縄文人はこれと似たようなことをやっていたそうです。

それにプラスして僕は、「掌をすり合わせること」を勧めています。掌をすり合わせることで、右脳と左脳を統合することができるからです。これはサイキック能力を開発するための、とても有効な方法になります。そして300回、掌をすり合わせることを習慣にしてください。これは僕だけのアイデアではなく、医学的にも証明されています。掌を300回すり合わせると、長寿遺伝子、若返りホルモン、成長ホルモン、成長因子などといったものが活性化するそうです。

実際にやってみると、本当にいいエクササイズになることがわかります。

だんだん手がジーンとしてくるので、300回終わったらそのまま手を合わせて合掌して、そのジーンとしている感覚を掌、手の甲、ひじ、肩、そして身体全体に広げるイメージをしてみてください。そうすることで、いわゆるゼロポイントに入ることができます。

ゼロポイントは「クウ（空）」とか「ボイド（泡）」などといったりもするのですが、要するに創造のポイントです。この状態に至ることで、僕たちの意識を無条件の愛に向かって開かせ、意識を覚醒へと促すこともできます。言葉を換えると、アセンションへの準備として、とてもいいエクササイズになるということです。

矢作　縄文の人々が磐座《いわくら》（神が降りるための巨大な祭祀の岩）をつくるときにも、「中《なか》今《いま》」状態になって意識を高次元に接着させていますね。

そうすることで、巨大な磐でも形を自由に変えられるようになったのです。まるで粘土でも扱うように、皆でテレキネシスを使ってやっていますね。そのときの様子は、たとえばみんながここにいて中今になって、巨大な磐をヒョイと動かした、そんなイメージでいいのでしょうか？

並木　それにも、いろいろな方法がありました。

たとえば硬いものが一瞬にしてゼリー状になるのもそのひとつです。

ある場所で大きな石を重ねようとするときには、その石をゼリー状にすることでプルプルになった石どうしが、ぴったり密着します。それが固まったときには、まったく隙間がない、まさにカミソリの刃１枚入らない状態になります。

あるいは、スペースシップ（宇宙船）の飛行原理にも使われている反重力という宇宙のテクノロジーを使って、テレキネシス――これは念動力といったりもしますが――という思考、意志の力を使って「この場所に位置させる」と念じます。すると巨大な磐が浮きあがってきっちりとはまるわけです。

皆さんが想像しているような、あるいは歴史の教科書で書かれているような、大人数で苦労しながら運んだわけではありません。

「うんうん、そうやって運んだんだ。大変だったね」というのは簡単ですが、やはり説明に無理がある。そういう意識を持ってほしいのですね。

いま、「上」が僕にいっていたのは、奇跡と呼ばれることを起こしている意識たちは、脳の領域の中でも小脳の働きを活性化させているそうです。

僕たち人間の脳は、大脳、中脳、小脳というようにそれぞれの領域に分かれています。でも多くの場合、まだ人間は人生の大半を大脳を使って生きています。大脳というのはサバイバルの脳、生き残るための脳です。そこから中脳を使うことに意識が拡大することで、僕が常々お話ししている宇宙意識につながることができるのです。そして意識の使い方がさらに深まり、小脳まで到達すると、神の意識へとつながっていくことになるのです。そうなれば、さまざまな奇跡を起こすこともできるのだ、と上は伝えてきています。

矢作　いま思いだしたのですが、たとえば有名なモーセの出エジプトで、紅海が割れるシーンがあります。あれは、「上」のほう、つまり雲の中にいた、いまなら「ＵＦＯ」と呼んでいる異星人たちの乗り物が、反重力のテクノロジーを使って海を割った、と思うのですが。

並木　そうです。あれは反重力のテクノロジーでやったことです。もっというとモーセは、上からの指示で「海を割れるタイミングで、ここにやってくるように」という、ある意味打ち合わせをしたうえで紅海に向かったのです。だから彼が海を割ったわけではありません。あくまでも異星人が割ったのですね。

矢作　映画『十戒』の描写は、だいぶ現実とは違うようです。そもそもあのころは、エジプトやシナイ半島にたくさんの緑がありました。ところが彼らは、その木を切ってしまった。日本人と違うのは木を植えるという習慣がなかったことで、だから砂漠がどんどん広がってしまったようですね。「ようです」というのは、私はある時期しか「そこ」にいなかったので、そのあとのことはわからないからです。

並木　木を植えなかったのはなぜか、ということですか？

矢作　たぶんそういう意識がなかったのかな、と思うのです。言葉は悪いですが、いまでも砂漠が増えているのは、木を切っても植えないからですよね。

並木　そういう意識がないんですね。だから意図的とは違うと思います。

矢作　私もそこにいたときには残念だなと思ったのですが、いかんせん多勢に無勢でどうしようもなかったので……。

大和の愛と調和

矢作　縄文人という、学校の教科書ではあたかも原始人のごとく書かれている人たちが、実際には高次元とつながることに対しては、現代人である私たちよりはるかに巧みだったということがよくわかりました。

　では、彼らがいま現在の私たちになってしまった……つまりそういう精神性を失ってしまったのは、やはり大陸からきた人々（狭義の弥生人）との混血がひとつのきっかけになったと、そういう理解でいいのでしょうか？

並木　ええ、そうなりますね。

矢作　私たちが縄文人と呼んでいる人たちは今の日本本来の起源の人たちに、南東の方、もっと具体的にいうとかつて今の太平洋に存在したレムリア大陸からきた人たちが混じったことになります。では、（狭義の）弥生人はどのような動機で日本列島にやってきたのでしょう？

並木　彼らは、動かされた人たちなんですよね。目に見えない存在たちがコントロールするなかで彼らは動かされて、日本列島に送りこまれてきたような部分もあります。言葉を換えれば「侵略してきた」ということにもなりますが。

矢作 具体的に、どこからきたのかはわかりますか？

並木 どこの惑星が関わっているのか、ということですか？

矢作 当然、「上」のほうについては「精神はほかの惑星で、肉体はどこそこで」ということになるのでしょうが、そういう合体した部分も含めて、差し支えのない範囲でぜひお願いします。

並木 うーん、まあ、北のほうではないでしょうか。

矢作 いま現在はまだ、あまり話してはいけない、と？

並木 これからはどんどん本当のことが出てきますけれどね。

いまはみずがめ座の時代といわれています。うお座からみずがめ座の時代へ移行している、というのですね。うお座の時代というのは、曖昧なことでもそのままでＯＫという時代でした。でも、みずがめ座の時代になると、曖昧さは許されなくなります。みずがめ座の時代には、明確にする、はっきりさせるということがとても大切になるからです。このエネルギーの流れは、これまで曖昧にされていたいろいろなことをどんどん明るみに出していくことになります。

世の中を見渡してみても、隠されていたものが次々と表に出てきているということは、おそらくだれもが感じているのではないかと思います。これはうお座の時代にはあまりなかったことですから。

矢作　となると、この続きはまたいつの日か、ということですね。

ところで、アセンションに向けて大事な縄文の叡智、大和の愛と調和、それを具体的にいうとどのようなものになりますか?

並木　大和の愛と調和というのは、ゼロポイントから生まれるものです。逆にいえば、僕たちがゼロポイントにつながると、自然に愛と調和を理解できるようになります。

僕たちは愛そのものの存在なので、本来であれば愛を理解しようとしたり、愛とはなんたるかを思索したりする必要はないはずなのです。もともと僕たちは愛だったということを思いだしさえすれば、それだけでいい。

多くの縄文人はそういうレベルにいたわけです。だから高い精神性と霊性を持って宇宙とコンタクトしたり、ゼロポイントの意識から必要なさまざまなものを生みだすことができました。

それに近づくには、さっきの合掌のポーズがいいと思います。これを通してゼロポイントに至る練習をするといいでしょう。そうすることで、縄文時代の過去世のエネルギーに触れることができるかもしれません。それで記憶や感覚が蘇ってくることもあるのです。

大切なのは、様々な形を通して縄文の叡智につながっていく、ということです。合掌したり、縄文の土器を見に行ったり、あるいは当時に思いをはせたりするだけで、縄文の精神やエネルギーは活性化されるのですから。

あるいは縄文人が愛してやまなかった瀬織津比売命（セオリツヒメノミコト）に意識を向けるのも、とても効果的だと言えるでしょう。

どこまで真実につながれるのか

矢作　並木さんがいつもいわれているように、邇芸速日命（ニギハヤヒノミコト）と瀬織津比売命（セオリツヒメノミコト）というのが、いまでいう伊邪那岐神（イザナギノカミ）、伊邪那美神（イザナミノカミ）ですね。だけどこれも、霊能者によっていうことは違ったりします。そうなってしまうのは、つながる先が違うからなのでしょうか？

並木　そうです。違うからです。

矢作　私からはいいにくいのですが、真実から外れている人もたくさんいるということですよね？

並木　正確には、「真実のほんの一部につながっている」とでもいうべきでしょうか。つながってはいるのです。ただ、真実の重要な部分につながれるかどうか、そこが大きく違うわけです。

矢作　それぞれの霊能者がそれぞれの信念でおっしゃっているけれど、どれだけ真実にたどりついているかという点においては、差があるという理解でよろしいですね？

というのもある霊能者が——ご自身がチャネラーとして自信があるのでしょうが——ほかの霊能者に対して、こう噛《か》みついたことがあります。

「まだ本当のところにたどりついていない」——と。

その霊能者は、「初代天皇は邇邇芸命（ニニギノミコト）だったと、いってほしかった」というのですね。でも、どうなのでしょう？　邇邇芸命は初代天皇ではないですよね？

並木　少なくとも僕にはそのようには視えていません。

矢作　さらにいえば、もっと高いところにいらっしゃる神様ですよね？

並木　答えになっているかどうかわかりませんが、日本の人なんですよ。

矢作　邇邇芸命（ニニギノミコト）がですよね？

並木　そうです、そうです。

矢作　地上に降りてきて、天皇という形になった最初は神武天皇でいいと思うのです。ある霊能者などは、神武天皇の前にもずっといたとおっしゃるのですが、でもそれはきっと天皇という形ではなくて、むしろ神に近いものだったと思います。だから最初に天降《あまくだ》った邇邇芸命などは、霊体が肉体から出たり入ったり自由にできたわけです。

神武天皇は……命（ミコト）と呼ばれていたようなのですが……。

並木　つまり、神武天皇が最初だったということですよね。僕にもそう視えます。

矢作　当時、なぜ天皇になったのかという、その記憶もあります。

自分の父親である鵜草葺不合命（ウガヤフキアエズノミコト）と話をしていたときに、「世の中が弥生の時代になる。ここできちんとしておかなければ、他国と同じになってしまう」という意識がありました。そして神々から「立ちなさい、そして行きなさい」と言われて動きはじめたんですよね。

並木　神界、天界の勅命を受けたということですね。

矢作　あまり霊能者の言葉に反論する必要はないとは思うのですが、でも歪んだままにしておくのもいかがなものかと思うので。

並木　それがいま、おっしゃったことですよね。もちろん反論するのではなく。告知すべきことはきちんと告知して、それを裏付けるということですね。

第二章

神代と日本人の魂

神代文字には文字自体に情報が収められている

矢作　日本には、世界最古の神代文字（漢字が渡来する以前の日本列島には、文字は存在しなかったというのが常識になっている。しかし、神社の古い札や磐座のなかには、文字らしきものが書かれたり刻まれたりしているものが確認できることがある。さらに「古史古伝」と呼ばれるいわゆる「『古事記』以前の書」には、こうした謎の文字で書かれたとされるものが多い。これらの文字を総称して神代文字と呼ぶ）というものがあります。あれについてはいま、ずいぶんいろいろな人が着目していて、解読も行われているようです。いつ、どうやってできたのかといえば、当然ですが、はるかな昔に宇宙からということになってしまうと思うのですが、そのあたりをお話しいただけますか?

神代文字も、かつてはかなりの種類があったと思うのです。でもいまでは数えられるくらいしか残っていません。これがわかれば、並木さんがずっとおっしゃっているようなお話、つまり地球の成り立ちや動物を含めた私たちがどこからきたのかというようなことも、ぜんぶわかるようになると思うのですが。

並木　神代文字がクローズアップされているのは、ひとつひとつの文字自体に情報がコード化されて収められているからなのですね。

神代文字というのは、「なんだろう、これ？」と思いながら見つめているだけで、意識にその情報がダウンロードされてきます。その時点ではダウンロードされるだけですが、いつかそれが解凍される日がやってくるわけです。それは直観的なひらめきであったり、夢の中で解凍が行われる、いわゆる夢のお告げになったりするかもしれません。

そんな形でその人に必要な情報――僕たちは実際には自分のなかにすべての情報を持っているわけですが――を受け取り、ＤＮＡも含めて進化に必要な領域を刺激するんですね。これは僕たちが神として起動するための鍵になるのです。

ですから神代文字はとても霊性が高く、もしも僕たち日本人がずっと神代文字を使いつづけていたなら、とっくに宇宙意識に目醒めていたはずなのです。

矢作　神代文字が抹消されたというか、地下に潜ってしまったのは西暦６６３年、朝鮮半島で白村江の戦いがあったことがきっかけ、という認識でいいのでしょうか？

並木　はい、そうです。

矢作　当時、この敗戦によって、唐が日本に乗りこんできています。非常に短い期間ではありますが。そこで神代文字を含めた日本の文化を抹殺しているんですね。それが唐が一度滅ぶ原因にもなっているわけですが。

並木 そうです。ものすごくパワフルなものだからこそ、逆に封印されてしまったということがあるわけです。

でもいまは地球が波動を上げて、僕たちの意識の波動も上がりはじめているので、そういうパワフルなものでも扱えるような意識レベルになってきています。だからこそ、神代文字のようなもののもクローズアップされてくるのです。

矢作 いまの史学の世界では、8世紀の始めに編纂《へんさん》された『古事記』や『日本書紀』が日本最古の歴史書とされています。でも『古事記』の序文には、本書は『先代旧事本紀』や『帝紀』を参考にしたと書かれているわけです。そうなると、この元にしたという本はさらに何を元にしていたのか？ そこを追求していくと、結局は神代文字で書かれた超古代の文書に行きつくと思うのです。

並木 そうです、いろいろなものが派生しているんですよね。偉大なんですよ、神代文字は。いろいろな情報、エネルギーがコード化されて隠されているのですから。

矢作 縄文時代には文字がなかったといいますが、そんなことはないですね？

並木　ええ、文字はそれ以前にやってきているわけですね。

憑依する霊性

矢作　ひとつお聞きしたいのですが、じつは実際の天孫降臨《てんそんこうりん》は、私には5000年前と見えているのですが、これについてはどう思われますか？

並木　それは天孫降臨の時期がいつなのか、ということですか？

矢作　はい、そうです。

つまり、神武天皇が即位されたのは2670年ほど前のことですが、さらにその前はというと、天孫である邇邇芸命（ニニギノミコト）から神武天皇まで表向きは3代しかいないということになっています。

でも実際にはずいぶん長い時間が過ぎていて、その間には天孫降臨した意識体――オーバーシャドゥ（憑依）ですね――が肉体に乗り移っているので、邇邇芸命、山佐知比古（ヤマサチビコ）、鵜草葺不合命（ウガヤフキアエズノミコト）そして神武天皇までは何代にもわたって肉体が乗り換えられているんです。

しかもこれは直列ではなく、意識体として自由にさまざまな肉体に乗り移っているようです。1人の人であるようでいて、1人の人ではないように見えます。直線的でなく、あるときは邇邇芸命（ニニギノミコト）、あるときは山佐知比古（ヤマサチビコ）、鵜草葺不合命（ウガヤフキアエズノミコト）、そしてまた邇邇芸命というように、複雑に交錯しているように感じられます。

それぞれが個別の存在で、寿命が尽きたので次、というような単純なものではない。そのところをお聞きできればと思ったのですが。

並木　天孫降臨の年代もそうですが、そういったことが起こった時期については、7500〜5000年前といった幅があります。

おっしゃるように、いろいろな神がオーバーシャドゥしているようですね。だから、直線の時間軸ではとらえられない世界なんです。でもそれは、僕たちの世界だって同じなんです。そういうことを皆さんは、理屈だけで理解しようとするから、おかしな解釈になってしまうんです。

だって、あの有名な邪馬台国《やまたいこく》の女王、卑弥呼（ヒミコ）だって1人じゃなかったわけですから。

矢作　卑弥呼もそうですし、倭建命（ヤマトタケルノミコト）もそうですよね。

　今日、各地に倭建命伝説があるのも当然のことで、倭建命という意識体がいろいろな肉体に宿って全国で活躍をしたからなんですよね。そのように解釈をするのはごく当たり前のことだと思うのですが。

　とにかく改めて整理をしておきますが、大枠としてはまず日本列島に縄文文化があり、縄文の途中でレムリア、アトランティスの、とくにレムリア人がけっこうな数、日本列島に入ってきていますね。そして縄文の人たちは神々とつながっていましたが、レムリアの人たちもまたそうだった、と。

並木　ええ、縄文とレムリアは、すごく関係が深いのです。瀬織津比売命（セオリツヒメノミコト）という水の女神が日本にはいますが、彼女は縄文の時代にもいました。そして彼女はまた、レムリアの女神でもあります。
　そういう意味でも、縄文とレムリアは密接につながっているんですよ。

神武天皇は大調和をめざした

矢作　神武天皇にしても、『古事記』や『日本書紀』の記述とは違っているところがあります。神武天皇が九州の弊立《へいたて》神宮（熊本県上益城郡山都町に鎮座する神社）から東征に向かわれるときには、それぞれの地域を大事にして進んでいくということを最優先に考えておられました。要するに武力による征服ではなくて調和による全国統合だったわけです。ですから、陸路を進まれ、子孫にも無理をしないよう言い聞かせて、結局第二代綏靖《すいぜい》天皇は広島の東あたりまで、第三代安寧《あんねい》天皇は神戸のあたり、第四代懿徳《いとく》天皇になっていまの橿原《かしはら》のあたりに到達し、都をつくることになりました。神武天皇1代で海路を進んで熊野にあがり、バッサバッサと現地の人々をなぎ倒し、殺戮《さつりく》しながら進軍するなどということはしていません。

そういう神武天皇の気持ち、東征に旅立つにあたっての実際の思いが伝わってほしいですね。

言葉を換えればそれは、「さあ、これからは改めて大調和し、神々とつながっていくぞ、みんな！」というメッセージでした。

先ほどお話ししたように神武天皇が動きはじめられたころは、日本列島に大陸からさまざまな人々が入ってきて、縄文以来の神々との精神的なつながりが途切れてしまうという時代でした。神武天皇は、高天原の神々の意思に従って、改めてもう一度ご自分で「シラス国」をつくろうという気持ちになられました。

並木　いまは人々のさまざまなことに対する認識力、あるいは宇宙に対する意識が開いてきているので、たとえば10年前だったら一蹴されてしまうようなそういうお話にも、耳を傾けてくれるようになっていますからね。

矢作　とにかく、メッセージはしっかりと伝えられればと思います。『古事記』にしても、内容的にはかなりデフォルメされてしまっていますから。

並木　うん、されていますね。デフォルメどころか、明らかな嘘が入り混じっていたりもしますから。

矢作　その理由は明らかで、為政者が都合よく歴史を利用するためですね。でも、その元にある本当のメッセージが伝われば、というのが、自分の気持ちとしてあります。

大きな流れとしては、今から3000年余前から、大陸からどんどん人々がやってきました。そして約700年かけて縄文人が大陸からきた人と混血していく間に神々がどんどん離れていってしまった。こういう事態をあらかじめ見越されて、その前に神々が日本列島に降りられる、いわゆる天孫降臨が起こり、その後の天皇という道筋をつくられた。そういうことを理解したいところです。

今の人の中には、もともと大宇宙は「完全調和」からできたものなのだとすれば、人はみな平等な存在なはずだから天皇を頂点とする支配システムはおかしい、という人もいます。

もちろんすべてはひとつという意味で「ワンネス」です。ただし、時代・地域・民族から個々人に至るまで意識の進化は様々であり、存在意義は役割分担です。からだに例えれば脳の細胞も心臓の細胞も皮膚の細胞も優劣なく必要です。人も、究極は平等ではあっても同質ではありません。私たちの意識が進んで縄文人のように、自分の役割を自ずからわかるようになればピラミッドのような統治構造は不要です。ですがそれまでは必要とします。

ちなみに我が国は他国のように支配者が被支配者を力で統治する仕組みではありません。

本来は天皇を要とする大家族のような国づくりをめざしました。『古事記』を読んでいて自分がいちばん不本意だったのは、神武天皇が「熊襲《くまそ》を成敗する」という。そんなことはあり得ないんです。神武東征とは、皆をいい意味で仲間にしていく、そういうプロセスなのですから。

並木　僕にも、神武天皇は平和主義者だというふうに視えます。

神武天皇の謎

矢作　そこそこ地球最古というレベルで歴史を語る場合、シュメール文明において『ギルガメッシュ叙事詩』が書かれたのがだいたい4600年前で、これがもっとも古い文書であり、文明の始まりであるとされています。でも、これまでお話ししてきたように、これは明らかな間違いですね。

実際には先ほどお話ししてもらったように、宇宙由来の神代文字で、かつてはさまざまな記録がなされていたのだと思います。

ただ普通に歴史といったときにはやはり、たとえば今回青林堂さんから出させてもらった本は（『日本歴史通覧―天皇の日本史』弊社刊）、基本的には中学の教科書と一緒で旧来の神武天皇から日本の歴史を始めているのですが……。

並木　旧来の、とはどういうことですか？

矢作　神武天皇は自分の意志で東征して大和の橿原にたどり着き、そこを武力で制圧して都を築いたという、旧来の説です。

これにも私なりの異論はあるのですが、その本ではとりあえずは教科書的なものにするということで、旧来の説を踏襲して書き進めました。

ただその場合、歴代の天皇というものが、まあ最初の神武天皇の即位の時代はいいとしても、神武天皇は今の人たちがあり得ないと考えるほど大変長生きだったので、そこから後ろに時代が少しずつズレていくのですね。そしてある時期からは逆に圧縮しています。そうなってしまうと、年代が正しく表記されているのはいつくらいからなのか、ということが問題になるかと思います。

いわゆる欠史八代《けっしはちだい》、つまり第二代の綏靖天皇から第九代の開化《かいか》天皇までは架空の天皇なのではないかという人もいますが、これは実在しました。

ただ私は、たとえば第二十一代雄略《ゆうりゃく》天皇がだいたい5世紀で、ここからあとはほとんど正しいのではないかと思っています。もちろんこれは、あくまでも私の感覚なのですが。

並木　どうも第十六代が変わり目になっているようですね。

矢作　第十六代というと、仁徳《にんとく》天皇ですね。

要はそこのあたりで、どうも年代が少しずつ後ろにズレていると……。

並木　そうですね、少しずつ後ろにズレているんですよね。簡単にいってしまうとそのときに、正統な天皇とそうではない者が入れかわる、というようなことが起こっているように感じます。第十六代がそういう変わり目になっているんですね。

矢作　確かに、その前の第十五代応神《おうじん》天皇と仁徳天皇は、それまでとは別系統の「河内王朝」の存在を匂わせているわけですが……。

仁徳天皇は竈《かまど》の煙のエピソードで有名な方なのですが、一時的に租税を取らないようにして、民が潤ってから国の運営を元通りにしたという方なんですね。

でもこれ、本当は自分とは違った意識体の影響を受けている可能性があるように思うのです。富が生まれる仕組みを別の意識体から教えてもらい、それを実践した結果、国が豊かになったというプロセスがここに描かれているように感じます。

並木　はい、それは確かにあるように思います。

ただこの天皇の時代は――陰陽道《おんみょうどう》という表現が歴史的に正しいのかどうかはよくわからないのですが――そういう呪術的なことがものすごく盛んに行われていました。いわゆる陰陽師と呼ばれる人、そのような呪術師たちが、闇と光に分かれてぶつかり合っている状況があったようで、きわめて魔術的だったというか、そういう時代に視えますね。

矢作　歴史ということでは、どこまで遡って、どこまで本当のことをいえばいいのでしょうか？

天皇陛下についても、さっきお話ししたように歴史で語ると出だしの神武天皇でだいぶ違ってしまうので、物語としても大きく変わってしまうのですね。

でもそこのところは、ある意味、神々の知恵のような気もするのですが。

並木　神武天皇のときに関わっている神様というと、大山津見神（オオヤマツミノカミ）という、山の神が出てくるのです。この大山津見神は、シリウスとつながっています。

矢作　神々との……つまり異星人との話にもなってしまうわけですね。

並木　はい。でもそこはやはり、避けて通れないんですね。

陰陽道と日本

矢作　ところで神道という言葉ができたのはいつごろですか？

並木　時代ということですか？　神道という概念であったり、在り方というんでしょうか、そういうベースができたのは縄文時代だというふうに「上」はいってきますが。

矢作　ただ、言葉としては、それほど歴史がないように思えるのですが。

並木　神道という言葉そのものは、歴史はまだ浅いのではないかと思います。ただ、いまの神道の起源は縄文にあり、と「上」はいっています。

矢作　それからもうひとつ、日本の歴史のなかでは陰陽道もすごく大切ですね。陰陽道の大家に安倍晴明《あべのせいめい》という有名人がいますが、彼が活躍したのは平安時代です。そのせいで、陰陽道は大昔のもののように思っている人も多いのでしょうが、実際はいまも続いていますよね。もちろん悪用してはいけないものですが、ものすごい力を持っていて、やむを得ない場合には……でもこれ、いわないほうがいいですかね？

並木　いえ、もう半分、おっしゃっているじゃないですか。

矢作　ええ。ですから日本においては「陰陽」というものの大切さが、過去から現在に至るまできちんと引き継がれているということを、皆さんにお知らせしてもいいものなのかどうか……。

並木　陰陽道はいまも連綿と続いていて、まさに生きていますからね。

じつは神道の神社も陰陽道的な呪術によって建てられている部分があったりします。というよりそもそも陰陽道は、日本を動かす大きな力、ベースになっているということが確実にいえますよね。

矢作　陰陽道というものが日本にあるということはわかっていても、実態としてどのようなものなのかはよくわからない。存在や言葉は知っていても、それはあくまでも過去の話だと思っているわけです。でもそうではなくて、いまも日本に流れている陰陽道と、その根本にあるものを感じてもらえればいいな、と。

並木　「陰陽」は錬金術を起こす力である、というふうに伝えてきている「存在」がいますね。当然、計り知れない力を生みだします。だって無から有を生みだすようなものですから。そういう巨大なエネルギーである、と。そして陰陽道も空（くう）、ボイドを使うというのですね。そこにアクセスできる意識と精神性を持った者だけが、すぐれた陰陽師といわれるのだそうです。

日本人の定義

矢作　日本人の定義をしてみたいと思うのですが、これは日本語を話す、皇室を意識する、ご先祖様や八百万の神様を大切にするということでいいのでしょうか。

並木　はい、まさに的確に表していると思います。

日本人にとって皇室は象徴、シンボルだといいますが、その表現が正しいかどうかは別として、意識のなかに皇室は絶対に入っていなければならないものですね。それは、アンチだといって皇室の存在を批判する人も同じことです。意識していることに変わりはないわけですから。

結局のところ皇室に対する意識というものは、日本人の心からは外すことができないものなのです。まさに日本人を定義することのひとつとなります。

それから日本人は日本語を話します。占領下だった時代はともかく、いまは英語が公用語の地域はありません。

加えてに日本のいいところは、八百万神《やおよろずのかみ》とともにご先祖を大切にするということです。これはものすごく大事な意識だと思います。なぜならいまの自分がいるのは、ご先祖の存在があるからだということが暗に意識されているからです。それは自分の存在を肯定する、自分の存在に感謝する、ということにもつながっていきます。

それから八百万神、1人の絶対神ではなく、ありとあらゆるものに神を観るというのは、日本人の柔軟性や受容力を表しているわけです。

矢作　人類や親の国籍は関係なく、そういう条件が整えば日本人でいいということですね。

並木　まさにそうです。

矢作　なるほど。では、ほかに日本人らしさを表すとしたら、調和や霊性以外に特徴的なことはありますか？

並木　うーん、調和というのはまさにそれなんです。共感といってもいいのですが、日本人は共感能力がものすごく高いのですね。いわゆるエンパス（共感能力者）の才能がある。ですから、知らないうちに他人と同調できるわけです。この共感性というのは国民単位でいえば日本人特有のものといっても過言ではありません。

矢作　ただ、そうなると逆に、低い波動、よくない波動にも同調してしまうということもあるかもしれませんね。

並木　ああ、あります、あります。いいとか悪いとかは別にしてもね。

でも、それでも共感する力はあっていいのだと思います。

共感というと「感情的に同情すること」であると勘違いする人がいますが、それは共感とはいいません。共感というのはあくまでも、その人の状態がどうであるかを理解するという意識なのですね。ですから、理解することと感情的な部分で同情してしまうことはまったく別のことなのです。むしろ、感情的になるのではなくニュートラルにその人のことを理解できる――これを真の共感と呼びます。

神祇伯と天皇霊、集合意識

矢作　ところで弥生時代のあとにくる「古墳時代」という言葉は、私は必要ないものだと思っています。教科書的には「大和時代」は、神武天皇の即位から平城京遷都までを指していました。近年この「大和時代」は、記紀にある上古の天皇の実在性あるいは在位年数の信頼性への疑問から、3世紀、第十代崇神《すじん》天皇の御代にはじまる「古墳時代」と「飛鳥時代」とを合わせた時代ととらえられています。実際は、大調和を目指して立たれた神武天皇から「飛鳥時代」と呼ばれる時代になるまで切れ目がありません。都の場所を尊重するなら飛鳥に都が置かれた「飛鳥時代」以前をまとめて「大和時代」とすればよいかと思います。ましてや古墳造りは、必ずしも精神的に偉大なこと、偉いことを成し遂げたというわけではないので。

並木　それについては賛成ですね。古墳時代という名称はまさにとってつけたような、ほとんど後付けのような感じがするのでいらないと思います。

矢作　ありがとうございます。それで飛鳥時代ですが、聖徳太子の『十七条憲法』、そこに「和をもって貴《とうと》しとなす」という言葉がありますね。あれは少し前までは地方でよく見られた寄合、つまり話しあって皆が納得したらそれを守る——それを「和」といったという解釈でよろしいですか？

並木　そういうことだと思います。

矢作　いわゆる神祇伯《じんぎはく》、つまり宮廷の神事を司る神祇官の長官が初めて置かれたのは、第四十一代持統《じとう》天皇の時代の中臣大島《なかとみのおおしま》からということですが、これも正しいですか？

並木　はい、持統天皇の時代でいいと思いますよ。

矢作　神祇伯はやがて、伯家白川家によって世襲されることになります。これは11世紀から幕末まで1000年近く続くわけですが、彼らには天皇が「天皇霊」と一体となる神事、「本物の天皇になる」ための神事、いわゆる「祝之神事《はふりのしんじ》」というものが伝えられていたといわれています。

並木　その「天皇霊」というのは、いわゆる天皇家の「祖」という意味ですか？

矢作　それまでの天皇の霊がすべて、といっています。それでいいのでしょうか？

並木　はい、「上」が「祖」といっているのはまさにそれです。それまでの天皇を元にした「祖」という意味です。

矢作　なるほど、結局それもまた、集合意識になるわけですね？

並木　そうです、そうです。

矢作　次は個別のケースで恐縮なのですが、為政者が専横《せんおう》を極めた時代の天皇について伺いたいと思います。皇族以外の者として初めて摂政の座についた藤原良房が増長し、自分の室（第五十二代嵯峨《さが》天皇の皇女・潔姫《きよひめ》）が生んだ娘・明子《あきらけいこ》を第五十五代文徳《もんとく》天皇の女御として入内させました。文徳天皇は第一皇子・惟喬《これたか》親王を寵愛《ちょうあい》していました。ところが明子が第四皇子・惟仁《これひと》親王を生むと850年、良房は3人の皇子を押しのけ前例のない生後8か月で惟仁親王の立太子を強行させました。その後天皇と良房との不和が続く中、858年天皇は突然崩御されました。この文徳天皇の死因はいわれているような脳卒中なのか、それとも為政者である藤原良房による暗殺なのでしょうか？

並木 暗殺でしょう。外的な傷害だというふうに視えます。

矢作 次に、足利尊氏に敗れた形になる第九十六代後醍醐《ごだいご》天皇について。いまの歴史では後醍醐天皇のやり方がまずかったから都落ちすることになり、朝廷が並立するという、先例のない南北朝時代となった、という解釈になっています。

けれども私はそうではなくて、足利氏による無理難題があったのではないかと感じています。つまり後醍醐天皇自身に落ち度があったのではなく、周りにいた足利尊氏たちが後醍醐天皇の本当の気持ちを汲めなかったからだと思うのです。

並木 汲めなかったというよりも、使われたのです。利用されたというか……その結果、後醍醐天皇を陥れたんですね。

矢作 足利がね。

並木 そうです。

矢作 そうであれば、足利尊氏というのは、不忠ですよね。後醍醐天皇というのはきわめてエポックメイキングな天皇なのです。お気の毒に、というか。

並木　簡単にいうと、裏切られてしまったんです。

第三章

近代の日本と皇室

幕末動乱

矢作　江戸時代最後の天皇になった第百二十一代孝明《こうめい》天皇についてはいかがですか？

この方は頑迷に絶対に開国はだめだと主張されていたわけではなくて、開国するならそうとう注意してやらないと日本はやられてしまう、ということをいっていらしたのだと思うのです。一般的にいわれているような頭が固くて、世界情勢がわからないままに鎖国攘夷を主張したわけではない、と私はいいたいのですが。

並木　そう、よく状況を把握していたから、そうおっしゃったのです。

矢作　孝明天皇が本当におっしゃりたかったのは、いまの力のバランスのまま開国をすれば、必ず向こうのペースにはまってしまうので、そこを国民は理解してやりなさいね、ということだったと思うのです。少なくとも『孝明天皇紀』を読むかぎり、私にはそう感じられるんです。

並木　この天皇は確かに、先進的なものの考え方をする人でしたね。先見性があったというべきでしょうか。いずれにしても情勢を理解していなかったわけではありません。むしろよく理解されていました。

矢作　そこのところが、明治維新を主導した下級武士たちにはわからなかったのでしょう。残念ながらレベルが違いすぎたのだと思います。

ただ、孝明天皇は例の「上」の人たちのポジションにいるはずなのですが、そちらとはあまりつながってないようにも視えます。

並木　関わることはあっても、この人自体は違いますから。

矢作　世界を動かしているトップの人たち（イルミナティ）がいます。露骨に名前を出してしまうと問題があるかもしれませんが、天皇はイルミナティのメンバーだという話もありますね。でも孝明天皇は、そのなかには入っていなかったわけですね。

並木　はい、違いますね。この方は新たな道を自分で切り開いていかれる人なのです。それは魂としてそうなのであって、常に改革をしていく人というか、そういう精神性、意識を持っている人なので、組織に属して何かをするというのとは違うのです。

ただ、そういう組織というか、暗躍するような人物は、鎖国時代でも一部が日本に入っていました。

矢作　ええ、そういう意味ではいまとは形が違いますが、すでに仁徳天皇の時代から入っていると考えています。
ですから当時も海外の知識をもらっていました。結局、２０００年近く同じことをやっているわけです。国ではなく、そういう一族、団体がいて、世界中を動きまわっていたのですね。ときには騎士団のような形で、またあるときは行商人を装い、いろいろな形で動いていたんですね。しかもかなり高度な知識を持ちながら。
とくに商人はシルクロードを通っていましたから。そういう情報のやりとりは大昔から、陸を通り、海を渡り、東西で行われていたということです。
矢作 それは彼らがグループで動いていた、ということですね。
並木 ええ、そうです。グループで動いていました。
矢作 ところで孝明天皇ですが、死因については大きな謎があります。疱瘡《ほうそう》で崩御されたというのが一般的な説ですが、毒殺された、あるいは刺殺されたという人もいます。『孝明天皇紀』からそう読めるというのですが、これについてはいかがでしょうか？
並木 毒殺だと、「上」ははっきり云っています。
矢作 それから睦仁殿下も殺されたという説と、自分から危機を察知して逃げてしまったという説、ふたつありますね。

並木　「上」は逃げたというより、逃がされたと云っていますが。

矢作　なぜ明治維新で大きな変化が起こったのかというと――見かけ上はイルミナティによって下級武士たちが金や武器をもらって力をつけたということになっているのですが――本当は天皇ものちに新政府の高官になった下級武士たちも、神のオーバーシャドゥだったのではないかと感じているのです。

並木　ああ、それは入り乱れていると思いますね。

維新の志士の謎

矢作　なぜ、かの下級武士たちが国際銀行家の傘下の商人から金と武器を与えられて維新を起こせたのか、という疑問の答えになります。だけど逆にいえば、金と武器だけでは人間、そんなに大きな変革を起こすような活動はできないはずなのです。

これはやはり、大きな謎ですよね。

並木　彼らをつき動かしたものが、必ずありますよね。

矢作　ええ、多少は頭がよかったところで、旧来の長く続いた江戸幕府をひっくり返して新しい国家の仕組みをつくり、しかも維新後も毎年のように政府の制度を変えていくというのは、国際銀行家でもなかなかできないでしょう。ましてや当時の下級武士たちが、いくらレクチャーを受けたとしても無理です。

だからそうではなくて、そこに高次元の意識、意志が中途半端に——それほど強烈ではないけれど——入っているという気がします。

中途半端というのは、もしもこれが本格的に入っていたなら、もっといいもの、いい国家、いい政府ができていたと思うんですよね。

並木 言い方を換えると、介入ギリギリのラインだった、というところですね。

矢作 それがあったからこそ、私たちが平時ではなかなか考えられないようなことまで行われたのだ、と感じるんですけど。

並木 ええ、ある種、神の知恵みたいなものだったりしますね。

矢作 そのことですが、やっぱりこれもオーバーシャドゥという表現でいいのでしょうか？ というのもオーバーシャドゥというのは、基本的に個人が全面的に憑依される、感じるものです。けれどそこまではいかないまでも、常にエネルギーをもらっていて、やる気も出て、ひらめきもある、知識も生じるような感じの……

並木　後押しという感じでしょうか？

矢作　そう、天皇も含めて同時代の人が全員、何かに後押しをされているような気がするのです。

勝海舟や坂本龍馬も、それこそ吉田松陰も含めて、飛躍がありすぎてうまく表現できないのですが、すべてに時代のエネルギーが入りこんだというか……。中途半端にというのもおかしな話ですが、やはり神の助け、計らいがあったということなのでしょう。

並木　そういうことは、ところどころにあるんですよね。

矢作　当時、活躍した者の多くは早死にしています。ということは、彼らは短い時間で使命を終えてしまったということです。短い時間でやるべきことをきちんとやり遂げたわけですね。

並木　そう、ちゃちゃっとすませてしまって、「時間がきたのでさようなら」という感じですね。

矢作　その彼らがつくった明治政府では、明治天皇による「五箇条の御誓文」というものが出されます。これは聖徳太子の「憲法十七条」を念頭に置かれて書かれた、という解釈でよろしいですか？

並木　はい、彼らは聖徳太子をとても敬っていましたから、参考にしたということで間違いないでしょう。

先を見通された大正天皇

矢作　ところでひとつ、どうしても聞いておきたかったことがあります。それは、大正天皇の実情を伝えたい、ということです。

実際、『大正天皇実録』にも書かれているのですが、大正天皇は生まれたときからすでに——病名はよくわからないのですが——言葉が遅かったりとか歩くのが遅かったりとか、要するに知能や身体の障碍があったと、そういう言い方をされています。

それでも皇太子時代はまだよかったのですが、天皇になられてからはものすごく忙しくなってしまって、病名はこれもはっきりとつかないのですが、「脳膜炎」という表現がされています。どうも脳に炎症があって調子が悪いと見られていたみたいですね。

ところが大正十二（１９２３）年に京都大学の小児科の先生が、脳膜炎のように見える症状は鉛中毒だ、といいはじめました。当時の宮中で使っていたおしろいには鉛か水銀が入っていて、それが胎児に移行して蓄積した、いわゆる鉛中毒である、というんですよね。これは正しいかどうか、わかりますか?

並木　正しくないと思います。

矢作　はっきりいいますと、私はひそかに毒を盛られていたのではないかと思っているのです。

並木　陰謀というか、そういうものがすごく絡んでいるようですね。とくにこの天皇はそれが強く視えます。

矢作　山縣有朋《やまがたありとも》という、いわゆる明治の元勲の1人とされる人がいます。この人は最後増長して政治を壟断《ろうだん》し、果ては皇太子裕仁親王《ひろひとしんのう》(後の昭和天皇)の婚約に介入する宮中某重大事件を起こして失脚しました。

大正天皇は、第一次大戦時、日英同盟堅持の方針で頑張っていた第二次大隈内閣の大隈《おおくま》重信《しげのぶ》首相・加藤高明《かとうたかあき》外相を山縣が引きずりおろそうとしたことに対して、大隈を支持されることで山縣に対して反対の意を唱えられました。

天皇は、「オレンジ計画」を立てて日本を倒す機会を窺っていた米国が手だしできない日英同盟の意義をよく理解されていました。そういう意味で間違っていると感じたことに対しては、思ったことをそのまま口に出していらした方なのでしょう。

並木　僕にもそう視えます。

本来は、すごくキレ者だったはずです。病気だとか、おかしいとか、周りからいわれていたときも、そういうフリをしていただけなのです。

矢作　そうなんですよね。だから天皇は、第二次大隈内閣を倒閣させ、自分の子分の寺内《てらうち》正毅《まさたけ》を首相にした枢密院議長山縣に対して三度にもわたって「いつ辞表を提出するのか」と堂々とおっしゃっています。

周りはそんな状況がよくわからないまま、なんだかおかしなことになっているようだぞと思っていたのかもしれませんが、天皇ご自身は評判とは違って非常にしっかりした人だったようなのです。そもそも、頭の病気だとされている人が、そんなことをいえるはずがないんですね。

並木　少なくとも、伝えられているままのお姿ではありませんね。

矢作　知能にしてもまったく正常ですよね。

並木　正常です。正常なのに病気のフリをしていたのです。そのほうが都合がよかったからです。

矢作　まあ、天皇になられてからはものすごくお忙しくなって、たぶんストレスもひどかったのでしょう。そのなかで体調を崩されたということは、本人も心身のバランスが崩れていたのだとは思いますが、それに加えて調子が悪くなるような毒が……。

並木　毒でしょうね。ヒ素かな？

矢作　それを本当にやったとしたら、やはり長州、長州閥ということですか？

並木　仲介している者が身近にいましたからね。

矢作　ああ……ということは、周囲のお付きのなかにも新政府のスパイがいたということですね。

並木　そうです。通じている者がいたということでしょうね。

矢作　それがだれなのかは、あえて聞かないほうがいいですね。

並木　ええ、なんだかとても面倒くさくなるような気がします。

昭和天皇の霊性

矢作　ところで昭和天皇を論《あげつら》う人たちは、決まって戦争責任説を持ちだしてきます。しかし、昭和三（1928）年に表に出られてからはただの一度も戦争を礼賛されるという意味で、よかったというか、そういうご発言はないですよね？

並木　ないです。ひそかに内情を探るということはされていましたが。

矢作　あ、はい、軍の、ですね。

それで昭和五十（1975）年に昭和天皇は、外国人記者クラブで質問を受けられたんですね。

「広島、長崎に原爆を落とされたことはどう思われますか？」――と。

昭和天皇は、「戦争中だから仕方ないです」とお答えになっていますが、これが事情のわからない一般の人にはカチンときたようです。

でも私は、そこには深い意味があると思っています。

そもそも当時は、国民自身が戦争をやめるという気持ちをはっきりと意思表示していませんでした。陸軍もそうですし、内閣もそうです。そんななかで、我が国だけでなく世界の存続のためにも東京に原爆を落とさせるわけにいかないけれど、広島、長崎には仕方がなかった……諦めるということではないのですが、国民自身がすごくダメだったのだから、そうしなければ収まりがつかなかったと、そういうふうに感じたのです。

並木　まあ、口に出してはいけないこともあったんですよね。そこに落とさせることによって、もっと大切なものを守るという、そういう必要があった。まさに日本という国の存続にまつわることですが。

矢作　昭和天皇は、原爆を積んで帝都に向かったアメリカの爆撃機B－29を「消した」と、皇族方に話していらっしゃったそうです。おそらく陰陽道の呪術を使われたのではないかと思うのです。

並木　そうかもしれませんね。一種の霊力なんですけど。

簡単にいうと、時空の扉を開いたわけです。その扉のなかにB－29を導いたということですね。

矢作　これには後日談がありまして、アメリカは昭和天皇のそういう力を知っていて、1970年代になって当時のニクソン大統領が「ソ連の最新鋭戦闘機ミグ25をどうしても手に入れたい」と、昭和天皇に頼んだというのですね。当時は東西冷戦たけなわで米国はソ連の空軍力に脅威を感じていました。

昭和天皇は断っていらしたのですが、ニクソンも引かない。そこで、ご自分の神通力を引き出してくれる人と一緒にならということで、鏑射寺の中村公隆和尚さんを宮中に招いて助力を得て、戦闘機を操作中だったベレンコ中尉に不動金縛りの術をかけて、函館まで誘導されたというのです。

並木　天皇の力の系統をたどってみると、陰陽道しかり、古神道しかりなんですが、ある意味で昭和天皇は霊能者でもある。それも非常に力のある霊能者なのですね。

昭和天皇を視ていると、なぜかあの大本教《おおもときょう》の教主となった出口王仁三郎《でぐちおにさぶろう》が出てくるのです。霊的な系統というか、似通ったものがあるのかもしれません。

矢作　ところでマスコミの世界では、「言葉狩り」というものがあります。「スチュワーデス」が「キャビン・アテンダント」に変えられたように。これは、ある意味で日本という国の集合意識が変わってしまった結果ともいえますよね。

確かに「ライ病」だとか「支那」だとかいうと、いまではいろいろとおかしな色がついてしまっているのも事実です。本来は学術用語であって、蔑称でも何でもないのですが、これを日本人の集合意識として、すでに「悪い言葉」だと感じてしまっている。

並木　あとから悪いイメージがついて、それを共通に認識してしまっている、ということですね。

矢作　ですから世の中には、間違っていないものでも使われなくなる言葉がたくさんある、という理解でいいですね？　昭和に起こった大東亜《だいとうあ》戦争にしても、当時の人は皆、そう呼んでいたわけです。でもGHQがこの言葉は使うなといったので、マスコミでは使われなくなってしまった。

　そういう言葉をいま使うことは、ふさわしくないと考えますか？

並木　それをそのまま使うということですか？　まあ、ふさわしいか、ふさわしくないかということでいえば、「適さない」。

矢作　では、平成をひと言で表すと、何になりましょうか？

並木　ひと言ですか？　これも難しいですね。

矢作　いや、それでよかったです。ひと言では難しい、という言葉が聞きたかったんですから。

並木　混沌としているんです。もしも敢えて表すとしたら「カオス」。

矢作　ある意味、世界中が混沌としているし、日本もV字回復のいちばん落ち目の時代でしたからね。

闇の息が原因で難しくなった靖國参拝

矢作　靖國神社と天皇の関係についてもお聞きしたいのですが、靖國神社の春と秋の大祭には、天皇は必ず勅使《ちょくし》を出されています。つまり、ずっと気にかけていらっしゃる。ところがいまは、天皇は靖國神社参拝はされません。これは昭和天皇の時代からそうなったわけですが、理由はというと、政治問題にされてしまったからなんですね。

当時の社会党が最初にいいだしたことなのですが、本来、日本国民ならだれも問題にならなかった天皇の靖國神社参拝が、国際問題・政治問題にされてしまった。これはとんでもないことでしたね。

並木　政治問題にすり替えるような風潮があった、ということですね？

矢作　風潮というか、社会党の国会議員がわざわざ中華人民共和国にまで行って、たきつけているわけです。天皇の靖國参拝を問題にしろとたきつけたという、まったくもってひどい話です。

でも天皇のお気持ちとしては、そうではなかったと思うのです。靖國神社には先の大戦だけでなく、幕末維新後からずっと国事に殉じた戦没者が祀られているわけですから。本来であれば戦没者を悼む、という行為は今を生きさせてもらっている国民が、人として自然に湧き上がる感謝の念をこめて粛々と行うものです。

並木　昭和天皇というのは、英霊たちに対するお気持ち、あるいはその遺族たちに対するお気持ち、そういうものをすごく持っていらっしゃったというのは視えますね。

矢作　はい。なので靖國というのは、政治問題にした時点で既に国民側の問題になってしまったのですね。社会党や共産党というのは、そういう意味で、本来であればまさに闇ですよね。

並木　闇の息がかかっているとでもいうのでしょうかね。

矢作　戦後はそういう政党を支える人々の力が強かったから、日本がダメになったという側面は否定できないと思うのです。あれはやはり、闇です。何しろテロを計画したり、小河内ダムを爆破しようとしていたという話があったりするくらいですから。

それと昭和天皇への質問ということで、いまも南朝、北朝という意識をお持ちなのでしょうか？　私はもうない、と感じているのですが。

並木　適切な言い方かどうかはわかりませんが、取り立ててないですね。

皇嗣《こうし》問題

矢作　現在の皇室は、大正天皇の時代からは一夫一婦でやっていらっしゃいます。

昭和天皇になかなか男のお子様がお生まれにならなかったときには、周りが「側室をお持ちになったらいかがですか」とお勧めしたそうですが、昭和天皇は「人倫にもとることはできません」と断られたといいます。

「人倫」といいますが、明治天皇の時代には皇后以外にもたくさんのお子様をお持ちでした。ということはそのころは「人倫」にはもとらなかったわけです。つまり、これも共通意識、時代の意識が大きく変わったせいではないかと思います。そういう理解でいいのでしょうか？

そもそも男系で皇統をつないでいくということであれば、現実的には側室を持ったほうがはるかに安全・安心です。けれどもそういうことをあえてされなかったということは、時代の流れのなかで人の意識、国民全体の意識が変わっていった、それを尊重されるようになったと、そういう理解でいいのでしょうか？

並木　簡単にいうと、外に子供を持つ、自分の血を絶やさないようにする、あるいは残していかなければならない、という意識が昭和天皇のなかにはなかったようです。思惑というより、欲そのものがない。無私の魂でいらっしゃるというか……。

矢作　とりあえず男系でつなごうとするのなら、旧宮家の男子や近代の天皇の婚外子の男子方を合わせたら大勢いらっしゃると伺っています。いざというときにはそういう人を、仕組み——つまり『皇室典範』ですが——が変わって、皇室に養子として迎え入れることも起こるのではないかと思います。こういうことは人々が気づく気づかないに関わらず神意で動かされていくことですので。

並木　僕もそう思います。

矢作　国民の理解さえ得られれば、ですが。そのあたりの意識はこれから、どのように変化をしていくのでしょう?

並木　それについては、天皇がどうお考えになっているのか、ということをお伝えすればいいですか?

　そうですね、いろいろな違いを越えて、新しい風を入れなければならない、とおっしゃっていますね。そういうやり方は「ある」と。そういう意味では、かなり開かれた意識を持たれています。

矢作　まさにそういう柔軟さこそが、ある意味で古来、連綿と続いてきた皇室の知恵でもあったわけですから。

並木　「上」が云っているのは、「これからの」というより、「かつてもあった」ということらしいです。

矢作　『皇室典範』を明治維新で文章化したときには、ほとんど伊藤博文の意見が強かったわけです。つまり、彼が恣意《しい》的に窮屈にしてしまったということです。それでいまになって、いろいろと不具合が生じている。ですから、伊藤博文の縛りを取り払えば、何の問題もないんですね。

並木　繰り返しいっているのは、「新しい風」だと。別の言い方をすれば、いまの動きを向こうの世界から見守っているということです。

矢作　「旧宮家の男子や近代の天皇の婚外子の男子方を皇室に養子として迎え入れてよろしい」——と。ありがたいことです。

譲位後の上皇

並木　今の上皇陛下にしても、退位・譲位というのは決して本心ではないのです。
　昭和天皇が何かを守るために広島と長崎の原爆を「仕方ない」とおっしゃった。つまり日本の存続のためですよね。それと同じで、内容まではいえませんが、退位を望まれたのはある選択があってのことです。

「上」は「彼」と云っているのですが、これは天皇陛下――いまは上皇ですが――のことだと思うんですけど、「彼に気の毒なことをさせた」と云っているんですね。その含みを読むと、そういうことがあるのだと思います。

矢作　平成の今上天皇が皇太子時代、平民から后を取ることに香淳《こうじゅん》皇后（昭和天皇の后）は大反対だったと聞きます。けれど昭和天皇のご意見は、「皇太子が好きなのであればいいんじゃないか」くらいに感じました。

並木　彼が望むのであれば、と云っています。

矢作　「イルミナティは光に向かう」といいますが、これも当然向かいますよね。高いほうのイルミナティは光なのですから。

並木　もっと正確にいうと、光に返り咲くということですね。

矢作　実際のところ、現在の皇族も決して一枚岩ではありませんね。秋篠宮《あきしののみや》と天皇陛下ではお考えもだいぶ違うようですし。

並木　もちろんです。いっていいのかわかりませんが、ある意味においては反目しているともいえます。

矢作　ええ。秋篠宮は私から見ると、ちょっと違う方に向かれているような気もします。

並木　秋篠宮がですか？　そうですね、まだ人々の意識を取りこもうとしているというか……。

すべての人ではないのですが、秋篠宮を支持する人たちは、これまでの制度を破壊して、新しい国をつくりたい、ということなのだと思います。つまり、アメリカ国民がトランプを大統領に選んだようなものなのです。これは、それを否定しているのではなく、新しい風を吹き込み、今までの体制を変えていきたいという想いである、という意味です。

矢作　ということは、あまり日本的ではない、ということですね。

並木　まったく日本的ではないです。

矢作　ところでこれからも皇居は京都ではなく、東京のままでいいのですか？

並木　場所としてふさわしいか、という意味ですか？

矢作　今後、京都に皇居を移す可能性があるのか、ということです。

並木　なるほど。計画はある、遷都の計画があると云っています。

矢作　その計画はだれがするんですか？

並木　いまは云えない、と。いろいろな思惑があるので。

矢作　陛下がそうおっしゃるわけではないですからね。

並木　陛下ではないです。これからの陛下はむしろ東京に残ることを……。

矢作　そうですよね。東京は政治経済の街なので、極論をいえば天皇は東京、上皇は京都というのが理想なのではないでしょうか。

並木　おかしな言い方に聞こえるかもしれませんが、天皇は東京を守らなければならないんです。そしてその御力も、十分にあるわけですから。

第四章

日本の未来

日本人は優勢な遺伝子を掛け合わせてできた

矢作　日本が重要という理由を具体的に教えてもらえますか。

並木　日本の精神性なんです。僕たち人間は宇宙人によって遺伝子操作をされて創られた存在なのです。みんなそれぞれの大陸で、それぞれの文化・文明を作って、人間としての経験を積みました。でも、もともとのルーツになっている各国の遺伝子の中でも日本人の遺伝子というのはより優勢なんです。外国という意味での他の存在の遺伝子が優秀ではないということではなく、遺伝子的に優勢なのですね。

矢作　遺伝子的に優勢なものを掛け合わせたわけですね。

並木　そうなんです。それで簡単にいうと、優勢な遺伝子に動かされて、外国人も驚くような日本人特有の行動がついてくる。そういうことらしいのです。一番のルーツになる部分は、もちろんつくられた遺伝子なわけですが、それによって僕たちの行動が喚起される。そうすると必然的に、優勢な遺伝子に他の遺伝子が群がってくるということが起きるんです。そして何故、群がってくるのかという相手側の理由が、たとえば金銭だとか技術だとしても、その元にあるのは日本人の遺伝子なのです。ところが相手は自分たちが優位に立つために、結果的にそれを排除しようとしたり、潰そうとする動きになってしまうのだそうです。

つまり、日本人の根底にある優勢な遺伝子に、意識的、無意識的に関わらず惹きつけられてくるというわけです。でも、そのことにいちばん気づいていないのが日本人自身なんですね。

矢作　日本人に引っ張られてしまうということなのですね。

並木　そうです、良くも悪くも日本人が引っ張ってしまう。もちろん、引っ張っているという意識はないのだけれども、結果として。

矢作　肉体は乗り物で魂が問題だと思いますが、遺伝子的な肉体である乗り物もやはり勉強するわけですね。

並木　その特質を表現できるだけのものを持つ必要があるんです。だから日本人というのは、本来、その優勢な遺伝子的資質を発揮するために、ある種の準備をして生まれてきているわけです。

矢作　私たち日本人は、それで優位に立つということではないですけれども、もう少し自分の誇りというか。

並木　そうです。だからこそ、もっと自信も誇りも持って良いのです。日本人というのは、どうしても自己否定や、自己卑下をしがちで非常に残念なのですが、これに関しても、ある種の操作をされているわけですね。

矢作　ある意味、トランプ大統領のいっている「真珠湾を忘れない」というのは、日本人の誇りをとり戻せという意味では正しいわけですね。

並木　とり戻せれば日本人も変わるし、日本のあり方も変わる。そうすると、世界に発信するエネルギーや影響力もまったく変わってくるわけです。

矢作　世界平和を叫ぶ人の中には、日本を批判することが正しいと思っている方も多く、日本を特別視するのはよくないという方もいますが。

並木　もちろん特別視などは、まったく必要ないのですが、日本人が健全な敬意と自信を、自分たちや自国に持たない限り進まないんですよね。言い方を変えると、世界は日本人の成長を待っている。でも今、このような話をしている僕自身、変な意味ではなく、まったくそういう意識を持っていなかったんです。日本人がどうとか、外国人がどうとかもありませんでした。だけど、上から聴く話聴く話、みんな同じようなことを云うんですよ。

そこから、日本人っていったい何なのだろう、という探求ともいうべきものが始まったんです。今は、本当にそうなんだな、そして、良い意味で誇りに思うことなんだな、と思います。もともとは全然そうではなかったので。

矢作　あるチャネリングではイエス・キリストも「日本人は世界からこういう扱われ方をしておかしいと思わないのか」という、けっこう怖めのコメントを出していました。

並木　キリスト教はアメリカですが、さまざまな国の神々も同様なことを云ってくるんですよ。

矢作　日本人しっかりしろと。

並木　そうなんです。そう云うので、そうなんだな、と。

矢作　それだけ世界のひとつの流れで日本の役割に気づいたと。

並木　云わんとしている事は、よくわかる事なので。イエスが云っていたのは、「あなた方は自分自身の人生において、イエス・ノーが明確にいえないようでは、外国にもイエス・ノーがいえるわけがない」ということです。実際、いわれるがままになってしまったりすることが多いですよね、日本は。戦争のことで批判されればすぐに「ごめんなさい」と謝る。でも本当は、そのパターンを繰り返している限りは何も変わらない、いつまでも日本人が悪かったのだと罪の意識の表れとして謝り続けるのはおかしい、と思わなければいけないのです。でも、日本が体験することは、日本人の集合意識がつくり出しているわけで、日本人の集合意識を形成しているものは、一人ひとりの意識です。だから、一人ひとりが自分の人生の中で、違うものは違う、おかしいものはおかしいと表現しなかったら、この集合意識は変わることはありません。

いわれたらいわれるがままになる……どうせいったって変わらない……波風を立てなくない……、あなた方のその意識と在り方が、ひいては日本が他国から不本意な扱いを受け続けることを許しているんだよ、と。だから一人ひとりが変わりなさい、他との関わり方に対して健全な境界線を引きなさい、というふうに云ってくるんですね。

矢作　他国からの扱いに疑問をもつことは私も日ごろから語ってきました。

並木　日本をひいきしている、ということではないんですよ。云われてみれば、国対国、人対人という関係性において、至極当たり前のことだと思います。僕は上から伝えられたことを中心に、自分に落とし込んだことをお伝えしているので、必然的にそうなるのですけれども。

でも現実に日本がクローズアップされているのは、皆さん感じておられるのではないでしょうか。

矢作　政治的にも狙われやすい民族ですよね。

並木　そうです。ある意味、純粋なんですよね。だから、こういわれれば、こう染まっていってしまう。そんなものなんだろうか、となってしまうんです。それは、決して悪いことではなく、逆に日本人の素晴らしい所でもあると思います。ただピュアさとか純粋さは素晴らしいのですが、いわゆる芯というものがあまりにもなさすぎるきらいがあります。

本当は、当然の権利として主張していいもの、というのはあるんですよね。

　なので、そこが本当の意味で健全に見直されていった時に、日本はそこから変わりますし、日本の世界に与える影響力も全然変わりますよね。そのためには、日本人として生まれた自分自身に、健全な自信を持つこと。日本なんて駄目だといって、日本を捨てていこうとする人はたくさんいますけれども、そうではなくて、という話なんです。

自国ファースト

矢作　経済についてもお聞きしておきたいのですが、いまは行きすぎたグローバル経済に対して、ロシアのプーチン大統領やアメリカのトランプ大統領が「自国ファースト」をあげています。これに続く国はあるのでしょうか？

並木　意外に思われるかもしれませんが、「そうならなければいけない」という意味も含めると、その可能性があるのは中国なんです。

矢作　もしも日本がグローバル化から離れて「日本ファースト」になるとしたら、もう少し先になるということですか？

並木　それについては、僕たち日本人全体の意識の進化度合いにもよるのですが、本当の意味でそういった意識が定着するのは２０３０年を越えたころ……おおよそですが２０３５年あたりですかね。

矢作　本来なら日本は、反グローバル経済の手本にならなければいけない立場のはずだと思うのですが、実際には逆にグローバル化がどんどん進んでいます。

具体的に挙げるとＴＰＰ（環太平洋パートナーシップ）による一連の取り決め、水道の民営化、漁業主導権の地元共助体制から企業への移行、農業への国外からの干渉、さらには移民の受け入れなど、枚挙に暇がありません。これはやはり、一度は落ちるところまで落ちる、を体験しなければ、「自国ファースト」にはなれないということなのですね。

並木　はい、残念ながらそういう道をたどって、「もう嫌だ！」という体験をしないうちは、なかなか踵《きびす》を返すことはないですね。

矢作　日本はいま、慢性的なデフレ状態に陥っています。その原因は一般的に人口の減少にあるといわれていますが、先ほどのお話では、人口減少は日本人の精神的な進化でもあるということでした。そうであるならば、デフレになったのは必ずしも人口減少が理由ではなく、グローバル化の結果、日本人の意識も相俟《あいま》ってデフレになったということはありませんか？

並木　難しいところだと思いますが、グローバル化してもデフレ経済にはならないという体験を生みだすのは、その国ごとの集合意識によるんです。

これは適切なたとえなのかどうかわかりませんが、世の中がどれだけ不況になっても豊かな人というのは必ずいます。それは豊かさを体験している人の意識の問題なので、同じように国単位でデフレを体験するということは、そこにはやはり国全体の集合意識が関わっているのです。

ですからデフレ脱却には、わかりやすくいえば、まずその国の集合意識を「デフレ経済にならない」というように換える必要があります。

矢作　日本人は、赤字でも頑張ってしまうというか、努力するのが美しいと思うから、どんどん値下げ合戦を始めてしまうということがありますね。

並木　ええ、その美徳意識が、自分で自分の首を絞めることになるわけですね。

矢作　経済の話題になると、どうしても貨幣システムの話になってしまいます。実際、マネーはイリュージョン、幻想だと思うのですが、今後、政府が紙幣を発行する仕組みに変更することはできますか？　もしも変更したら国債は発行しなくてすみますか？

並木　変更することができれば、国債は発行しなくてすむようになると思います。ただし問題は、それが本当にできるのかどうか、ということですが。

矢作　まあ、やはり世界を動かしている人たちがいろいろと……。

並木　「できる」というより「させない」のだと思います。ですから変更することはできますか、という質問に対しては、8割ノー、2割イエスということで。

矢作　それでも頑張って政府紙幣を発行する国があるとすれば、やはりアメリカかロシアということになる？

並木　ロシアは可能性が高いですね。けれど、もしもそうなれば経済におけるアメリカ信仰は崩れてしまうでしょう。

矢作　まだまだやり手の動機が純粋ではないので、なかなかうまくいっていませんが、いわゆる仮想通貨みたいなものも、正しい動機で担保性を保証する方法、つまり皆に信頼されるような方法で広めていけば、現在の通貨システムを補完し、やがて代わり得るものに成長できるような気がするのですが、いかがですか？

並木　そうですね。ただそれは、もうちょっと先の話になります。いまそれをやると中途半端なものにしかならないでしょう。

矢作　イリュージョンである貨幣システムにあらがうには、たとえば物々交換であるとかボランティアで助け合うとか、マネーシステムに頼らない方法を構築していく必要がありますよね。

並木　その可能性、ポテンシャルを持っているのは、やはり日本なんです。

そもそも貨幣システムそのものが社会をコントロールする手段、コントロールシステムそのものなので、まずは僕たちがそこから目を醒ましていく必要があります。それにはやはり、貨幣システムを崩していくことが重要なんですね。

本来の理想はノーマルであることなのです。ただしそれには、そうとうな意識の改革が必要になります。

だけど本来なら、それも十分に可能なはずなんですよ。でも、そうさせたくない連中がいっぱいいるんです。だから、まず僕たちはお金がなければ生きていけないという認識を改める必要があります。

闇の世界云々は抜きにしても、僕たちはどうしようもなく「マネー」というイリュージョンによって支配されているんですね。でも本来、お金はなくても生きていけるものなのです。お金がないと生きていけないと信じているから、皆さん必死になって仕事をしている。その意識を根底から変えていかないと、世界を変えることはできません。

それを最初に達成できる可能性を秘めているのが日本、ということです。だから日本が重要なのです。

日本が真の独立国となるために

矢作　現在は「日米地位協定に基づく日米合同委員会」というものがあって、それが実質的に日本を支配しています。日本は今後、このアメリカの保護国という状態から真に独立することはできますか？　また独立できるとすれば、具体的にどのようなステップを踏めばそれが可能になるのでしょうか？　という質問をよく受けます。私は、戦前のような形での独立国になるのは仕組み上難しいし、将来的には日本が米国を感化して抱き込んでしまえばよいと思っています。なお、この〝仕組み上〟というのは、日本の諸々の国際上の通商に米国の実質的な承認を得る必要があること、米国は日本に財務を支えさせる仕組みを動かしていること、を指します。そのために日米はいわば結合双生児のような状態にあります。

並木　日本は東日本大震災など、たくさんの天災にもひとつひとつ向き合ってきました。そしてピンチに直面したときにこそ、僕たちは真の強さを発揮してきたのです。

先ほど、日本は本当の地獄を体験しなければマネーシステムは変えられないとおっしゃっていましたが、もちろん地獄など体験しないほうがいいに決まっています。けれども僕たち日本人は追い詰められないと、なかなか火事場の馬鹿力を発揮することができないのですね。

ですから日本はこれからも、そういった苦しい体験を通しながら、本当の力を発揮していくことになります。

でもそれは悪いことばかりではなく、いままでのようななし崩しでものごとを決めたり、いわれるがままに従ったりするのではなく、自分たちの理念を尊重し、表現するようになる道筋でもあるわけです。そういうときにこそ、チャンスが生まれてくるんですね。ただ、その時期はもう少し先であり、これからも多少の試練は必要だと伝えて来ています。

矢作　並木さんがいつもおっしゃっているように、国民全体の集合意識の結果が形となって表れるのだとしたら、政治家の質というのもまさにそれと同じなのだと思います。

ただ、いまのような小選挙区制度では、なかなか民意が反映されにくいという問題があります。また、お金もかかりすぎるでしょう。きわめて現実的な話になってしまいますが、どのような選挙制度が望ましいと思いますか?

並木　その前にまず、政治システム自体を崩す必要があります。それは各コミュニティに細かく分離していくということではありません。

たとえばある地域や地区において、それぞれ個人の意識が政治家任せ、あるいは地区の議員任せとなっていると、自分たちでなんとかしようという意識が薄くなります。

このシステムでは「だれかが変えてくれるはず」と思って投票しているわけです。でも、もうその在り方をやめ、一人ひとりの意識が本当の意味で自立するなら、その結果、あの人のせい、この人のせいといって、人生の責任を放棄するということが成り立たない世の中になれば、自然に宇宙の流れと同調していきます。でも、そうした意識になっていかない限り、どのような選挙制度であっても望ましい結果は得られません。

まあ、こんなことをいったら元も子もないのかもしれませんが、一人ひとりが自分軸に戻り、自分で自分のリーダー性を発揮していくような世の中にならない限り、何をやっても無駄である、ということです。でも、もし、そうなったなら、だれもが世の中を自分で変えていこうという意識になるので、ようやくそれまでの制度の質、形が変わるのです。

矢作　その場合、日本では市区町村、都道府県、国という三重構造で政治が行われているという現実があります。そのなかでいったいどのような政治的構造が望ましいのでしょうか？

並木　ここにA、B、Cという3つの地区があったとしますね。その3つの地区それぞれにコミュニティをつくって、それぞれの代表が中央評議会を開催して話すようにします。課題をぜんぶ中央評議会までもっていって、各地域のリーダーたちが徹底的に話しあうようにすればいいのです。

なぜなら宇宙も同じなのです。各星・惑星、各銀河にそれぞれの評議会があって、その評議会の代表たちが中央評議会で話しあう。

矢作　結局、市区町村、都道府県、国というのは、縦構造になっているのがおかしいということですね。

並木　そうなんです。望ましいのは評議会方式です。

医療も自然に即した治療に

矢作　医療関係者に感じてほしいことは、たとえば知的障害者についても、ある意味で普通に生きている人よりもずっとずっと進んだ修行をしているということを、感覚としてもっていただきたいということです。

並木　彼らは、魂レベルがとても高いんですね。

矢作　だから、本当の意味で心から出てくるような、人間の尊厳の問題ですよね。やはり並木さんがよくいわれているように、医療の現場にたった1人でもいいから気の利いた霊能者がいたら、ずいぶん変わってくると思うのです。

並木　本当に、ガラリと変わりますよ。

矢作　まあ、そこで霊能という言葉を使うかどうかは別にしても、宇宙の真理についてイメージとしてわかる人がいれば……。

そういうことを、医療をやっている人もわかるとよいのではという思いは、前から私のなかではありました。でも、いってもわからないだろうということが感覚的にあって、いわなかった。でも、もうそろそろいわなければいけないいんですよね。

並木　そういう意識で関わる人が増えると、全体も変わってくるんです。だって、彼らは叡智を持っているんですから。

矢作　そこでちょっと質問なのですが、たとえば自発呼吸ができなくなった脳死に近い状態の患者に対しては、ある意味「無理」な治療を施すことは当人にとってもよくないことだという考えがあります。

そういう場合には治療は差し控えるべきだと思いますか？

並木　これは非常にデリケートな問題ですが、僕の答えはナチュラルに、自然がいちばんなので、自発呼吸ができない、たとえば胃ろうしなければもう食べることができないとなったら、僕ならもう治療はしないでほしいですね。

矢作　私もやらないでしょうね。

並木　結局、だれもがこの世界にあまりにも重きを置きすぎているんですよ。

あくまでもここは仮の世界だということを知るのが大切で、それよりも僕たちが「魂」の領域と呼んでいる、いわゆる「あの世」の世界こそがリアルなのです。

わかりやすくいうと、こちらの世界へ僕らは旅行にきているんです。旅行なら、いつかは帰らなければならない。それなのに旅先の国に重きを置きすぎるようになり、そこで生きていくことが何よりも重要だと思い込んでしまっているんです。

矢作 ええ。やはりそろそろそれを話すタイミングかなと思っていて。じゃあ、もう本当にこの話を始めてもいいいんでしょうか？

並木 そうです。僕たちの意識がどちらに向かうのか、その分かれ目なので一石を投じられるのはいいことだと思います。

皆さんもそれをきっかけに、何がいちばん自分にとって大切なのか、優先事項なのかということに意識が向くようになるのは、とても大事なことです。

矢作 いまの医療の仕組みがこの世だけを前提にした延命至上主義から離れない限り、本当の意味での先は見えないということがありまして……。

だからもう少し辛抱したほうがいいのかな、と思っていました。

並木 けれどももう、先進的な考えを口にしてもいい時代に入っています。そういう時代を迎えているのです。これからは、出る杭も打たれなくなります。確かに批判はどの時代にもあるものですが、いまはそれに潰されてしまう時代ではないのです。

中華人民共和国の崩壊はあるのか？

矢作　ところで、ロシアとアメリカは地球外生命体とコンタクトすることで、地球外テクノロジー由来のすぐれた武器を手にしていますね。これは本当ですね。

並木　ええ、本当です。

矢作　では、アメリカとロシア以外にもそういう国はあるのでしょうか？

並木　いえ、やはりアメリカとロシアが主流でしょう。というと、いまでは「中国はどうなのか？」と聞かれることも多いのですが、中国は基本的に他者のいうことを聞きません。ある種、自分たちを信じきっていますし、誇りを持ちたいのです。そうすると、他の意見を聞く耳を持ちづらくなることがあります。つまり、地球外生命体も彼らとコンタクトを取ろうとはしないのです。ですからテクノロジーを教えることもありません。

矢作　ああ、それってつまり、そういう高い次元の存在たちとは会話ができない、ということですね。ではイギリスはどうなのですか？

並木　イギリスの場合は少し事情が違います。

イギリスももちろん、地球外生命体の存在は知っています。というより、イギリスの王室がそもそも、そことつながっているわけですから。

矢作　ただ、軍事的な武器の開発となると米露が大きく抜きんでていて、イギリスはその下だと？

並木　そうです。形でいえば主流はそちらです。

矢作　そうなると日本はどうすべきなのでしょう？　そうした武器を無力化するようなものを開発、あるいはそういう力を皆の集合意識でできたらいいですね。

並木　武器をもつということではなくて、日本人の高い精神性が彼らの武器を無力化させるのですね。武器対武器で無力化させるのではありません。

矢作　それは、呪術的な結界を張るとか、そういうことなのでしょうか？

並木　はい、簡単にいうとそういうことです。なぜなら僕たち日本人の精神はものすごく強力なパワーをもっています。そこには宇宙由来のテクノロジーを有する兵器さえも無力化させるような力があるのです。しかもそこに、これからは天皇陛下が関わってくるのですから。

矢作　そうですね。ただ、それでも中華人民共和国の人々については、やはり何がしかの力が残るのではないかと思うのですが。

確かに国家や経済そのものはすでに崩壊が近いとさえいわれています。けれども彼らには、たとえ国がなくなってもまだ華僑のネットワークがあります。世界中に散らばっている華僑たちがもつ影響力はあるように思うのです。それゆえに中華人民共和国がなくなったとしても、彼らの影響力は残るのかな、と。

並木　確かに影響力は残りますね。

中華人民共和国に限らず、闇の世界の存在たち、あるいは貨幣制度をつくった彼ら、より正確にいうと貨幣制度をつくるようにコントロールされた彼らもまた崩壊が近いわけですから。そうした部分で中国もろとも崩壊していく流れがこれからやってこようとしていますね。そのなかで華僑の影響力がどうなるのかは、興味深いところでもあります。

矢作　すべての仕組みが変わってしまえば、マネー信仰や物質主義というのはガラガラと崩れていきますからね。

並木　そうです、連鎖反応が起こります。

矢作　まず米露で語らって北朝鮮を軸にロシア主導のもと朝鮮半島を統一し、中華人民共和国の崩壊が起こると、日本にも移民が押し寄せると懸念する向きもありますが、そこについてはいかがですか？

並木　やはり一時的には増えると云っています。でもまた、きちんと行くべき場所に戻される。だからそんなに大きな混乱にはならないでしょう。

中国も根強いですから、そう簡単には崩壊しません。ギリギリのところで踏ん張っているんですね。ただ、いつまでも踏ん張りはきかないですから。まあ、形が変わっていくのに10年はかからないでしょう。

移住先の国の一員になるという意識が必要

矢作　この移民問題については、はっきりいわなければいけないこともあると思います。人は皆、自分で親、生まれる場所と日時を決めてきているわけです。ですので、自分の選択に従ってできる限りその場所で生を営んでいきたいものです。

もちろん、命に関わるというのなら別ですが。けれども、利己的な感情で、ただいい生活をしたいという動機だけで、その国から逃げてしまうのもどうかと思います。

並木　これは難民問題とは違う言い方になってしまうかもしれませんが、僕たちにしてもはるか昔は、木星の衛星に住んでいたり、火星に住んでいたりしたことがあったわけですよ。

でも、火星が住めなくなったので木星の衛星に、木星の衛星が住めなくなったので地球にというように、次々と新たな環境を見つけては、移住を繰り返した。そういう歴史があるわけです。ですから、難民を一概に非難することもできないわけです……。

ただ、ここにきてまた地球で環境破壊が進み、一部では火星移住計画とかも出てきていますよね。

これ、「また自分たちが住んでいる惑星を捨てるんですか？」という話なんですよ。いま僕たちがここにいるということは、地球を本当の意味でいたわって、皆が住みよい環境にしていく責任があるんですね。ダメなら新しい場所を探して移住すればいい、ということではないのです。移民についても、それと同じことだと思います。

矢作　難民はともかく、移住先の国に感謝しその一員になるという意識がなく、単に食べていくためだけ、という移民はやめましょうということですね。

並木　皆がそういう意識、自分たちが環境をつくっていくんだという意識をもたない限り、根本的な解決にはならないということです。

矢作　いま、日本に住んでいる外国人はおよそ263万人といわれていますね。これは北海道から沖縄まで均《なら》して考えると、48人に1人が外国人という数字になります。この数字は、いったんは増加しますが、最終的にはある数字に落ち着いてくることでしょう。

そのとき日本に残る外国人についてですが、先ほどの日本人の定義ではないですが、やはり比較的日本を尊敬してくれる人たちだけが残ることになるでしょうか?

並木　精神的には日本人、という人たちが残ることになるでしょうね。

仮に見た目には外国人そのものであっても、精神が日本人、という人たちです。大和のエネルギー、大和の意識を理解できる人たちだけがこの日本列島に残り、集まることになるでしょう。

また逆に、日本人のなかからは海外に出る人も増えるというふうに「上」は云っています。その人たちは逆に、日本人であっても日本の精神性にはそぐわないわけです。

矢作　私たちは、日本人らしい心を持っている人が日本に居着く、という言い方をしています。でも一部では同じ国の出身者だけが集まって、日本のなかに異国をつくってしまうようなケースもあるかもしれません。じつはそこのところを心配する向きもあると思うのですが、いかがですか。

並木　けれども、最終的には日本に対して理解がある、そういう意識をもっている人たちだけが残るので、あまり心配する必要はないと思います。

それに、いまあるチャイナ・タウンやコリアン・タウン風のものも、最善へと形を変えていくでしょう。

日本人と皇室の未来

矢作　ところで、令和元（２０１９）年5月1日に皇太子殿下が践祚《せんそ》されたことで、日本の結界はさらに強くなるでしょうね。

また、宮中における御神事、いわゆる宮中祭祀については、基本的にはこれからも天皇陛下おひとりでなさると思うのですけども、そこには皇后となられた雅子妃の役割もあるのでしょうね。

並木　まず、結界はものすごく強くなります。

平成三十一、令和元（２０１９）年は台風がものすごく多かったのですが、これには皇太子殿下がこれから即位されて、そのときに結界を強める準備が行われているからという部分も少なからずありました。その準備が「上」の世界ではしっかりと進行中だというふうに云っているので、これからは確実に結界は強くなります。

それから新たな皇后陛下の役割ですが、基本は新天皇陛下のサポートなのですね。ただ、通常のサポートではなく、とても大きく母性的なエネルギーで天皇陛下を背後からしっかりとガードするイメージ、まさに聖母のエネルギーです。

ですから、天皇陛下が疲労されたりしたときでも、ある程度であればこの聖母のエネルギーが取り巻いていることですぐに回復していきます。もっというと、傷ができてもすぐに癒えてしまうわけです。

そうやって自分の果たすべきお役目を、そのときどきで果たしていくようなサポート、それが皇后陛下のお役目だといえると思います。

矢作　雅子様がどうのこうのではなく、皇后陛下の役割自体がそうなので、自然とそこに収まっていくという理解でいいですね。

並木　雅子様も、そうした役割における才能や資質というものを、徐々に発揮しはじめているんです。

矢作　まさにそれが、地位効果というものなのでしょうね。

皇室は、これからも男系男子でつないでいくことができると思います。

しかし、これから先、国民全体の意識が上がっていけば、たとえばチベットのダライ・ラマのように霊統がつながってさえいればだれでもいい、という時代になることもあるのでしょうね（チベット仏教の最高位に座するダライ・ラマは、その魂が転生するとされ、ダライ・ラマが没すると国中で生まれ変わりの子供が探された。いわば、魂の転生による後継者選び）。

並木　確かに、いままでのような血統としてのこだわりは、どんどん消えていくでしょうね。

矢作　つまり、皇室という求心力は残りつつも、男系男子にこだわることはなくなる、ということですね。

並木　そうです、そうです。

「恋ひ慕ふわよ」と未来

矢作　もうひとつに、並木さんが「恋ひ慕ふわよ」と呼ぶ、本来の意識が求めるべきポジティブな7つの感覚というものがありますね。

具体的にいうと「ここちよい」「ひかれる」「しっくりくる」「たのしい」「ふにおちる」「わくわくする」「よろこびをかんじる」――この7つです。

しかし、何ごとも人や会社のせいにしてしまう心の傾向のある人がこれに従って生きてしまうと、逆にこの感覚が仇になって、いつまでも目醒めることができないという危険性はありませんか？　と問う人もいるかと思いますが。

並木　「恋ひ慕ふわよ」に従うということは、本来の自分に向かっていくということです。本当の自分につながるためには、その間に挟まっているものや壁にたくさんぶち当たることになります。そして当然、間に挟まっているものを見つけたなら、それらを外していきますよね。

逆に「恋ひ慕ふわよ」に従うだけで、間に挟まっているものをそのまま放っておいたり、それがあることを人のせいや環境のせいにしたりすれば、もちろん目が醒めることはないでしょう。

ただ、そういう人たちが蔓延していたとしても、自分の波動を上げ続けている人は、もう彼らとは接点を持てなくなります。こうして、二極化がどんどん進んでいくことになります。厳しいようですが、これが真実なのです。

矢作　「恋ひ慕ふわよ」に従うと、その過程において、かえって個人の好き嫌いが出てきてしまうようなことはないかと気にする人もあるかと思うのですが。

並木　好き嫌いは判断、ジャッジではありません。あくまでも反応にすぎないのです。主観といっても良いでしょう。「この人は好き」「この人は嫌い」という反応なのですから、あってても別にかまいません。ただ、「この人は嫌い」というその感覚はとても居心地が悪いものになります。ということは、その周波数は本来のあなたのものではない、ということです。

そうであれば、これを単純に外せばいいのです。外してしまえばその時点でもう、「この人は嫌い」という反応はなくなります。ただし、嫌いとは思わなくなったからといって、好きになるとは限りませんが。

矢作　少しだけ距離をとれるようになる、という感じですかね。

並木　そうです。嫌いという壁がなくなるからこそ、調和もとれるようになるのです。好き嫌いが明確に出るというのは、嫌いを外してその先に行くことができるようになる、ということです。だからそれは、目醒めへと向かう扉でもあるわけです。

矢作　ただ実際には、目醒めようと決意しても、どうしても目を醒ますことができないという人も出てくるのではないか、という気もします。その場合、真に目を醒ます人は決意した人のうちの何パーセントくらいになりますか？

並木　まず、今回の地球のサイクルにおいて、目を醒ますかどうか、この選択を明確にする必要があります。何度もお話ししているように、これは完全に僕たちの自由意志に任されているからです。たとえていうと、大学生が四年で卒業するか、留年するかを決めなければならないところに来ているわけです。それをハッキリさせないといけなくなるのが、令和二（２０２０）年の春分（3月20日）から令和三（２０２１）年の冬至（12月21日）にかけてです。ここまでに目を醒ますか、あるいは眠り続けるのか、はっきりどちらかに決める必要があるのです。

そして、令和三（２０２１）年の冬至を過ぎると、完全に目醒めのラインと眠りのラインに明確に分かれることになりますので、目を醒ますことを決めた意識は、その後断続的に訪れる覚醒を促す光のエネルギーを受けて、確実に目を醒ましていくことになります。選択さえすれば、それは起きるのです。ですからその質問に対する答えは、100パーセントということになります。

ただ、その選択のあと急速に目を醒ます人と、ゆっくり目を醒ましていく人とがいます。つまり、目を醒ますことを決めた人のなかでもスピードはまちまちなのです。

そして僕がこれから教えていく人たちや、いま僕の周りにいる人たちは今の時点で目醒めへのコミットが強いので、急速に目醒めるポテンシャルが高い人たちであると、いえるでしょう。もちろん、これはいつもお話ししているように、優劣ではなく、単に選択の問題です。だから僕は、令和三（2021）年の冬至を過ぎたらもう、目を醒ましますか、どうしますかという話はいっさいしません。なぜなら目を醒ますことを決めた人だけしか、やって来ませんから。

その人たちに向けて、どうすれば急速に目を醒ましていくことができるのか、さらにその先に控えているアセンション（覚醒）のプロセスについてお伝えしていくことになるでしょう。

改めて、真に目を醒ます人は100パーセントのうち何パーセントなのか、という質問に対しては、目を醒ますことを決めたのであれば、あとはその流れに乗っていくだけですから、100パーセントというのが答えになります。

けれど、そのなかで急速に目を醒ましていく人の割合をいえば、希望も含めて30パーセント前後になるでしょう。

整理しておきますが、令和三(2021)年の冬至までに「目を醒まさなければならない」のではなく、「目を醒ますことを決めればいい」のだということを、もう一度頭に入れておいてください。だから、目醒めなければ、と焦る必要はまったくありません。不安になる必要もないのです。むしろ、こうした話を聞いて、もし、それらの感情に気づいたなら、その地球の周波数を手放していくからこそ、目を醒ましていくことになるのですから。

それと、もうひとつお話をしておくと、目を醒ますことに迷っていた人たちが、決めないままゲートをくぐればその瞬間に、目を醒ますということに対する意識がまったくなくなる可能性があるでしょう。記憶からすべて外れてしまうのです。

逆に目を醒ますと決めてゲートをくぐった人は、それ以降も目を醒ますことに意識が向きつづけるので、必ず目を醒ますことができるのです。

『新約聖書』における改ざん

矢作　現実的な話で恐縮ですが、歴史には大きな改ざんがつきもの、という問題があると思います。そこでいくつか、読者に知っておいてもらいたい改ざんの例をここで挙げていただきたいのですが。

並木　うーん、何か当たりさわりのないところでいうと……どうでしょう？　お話しできるものがありますかね？

矢作　たとえばここ2000年くらいの間で改ざんの最たるものは、やはり『新約聖書』だったのではないかと思うのですが……。

西暦325年、ときのローマ帝国皇帝コンスタンティヌス1世が、皇帝を元老院が選ぶというプロセスが嫌で、自分で神勅のようにして皇位を得られるようにするためと、もうひとつは落ち目になっていた帝国の団結を強めるために、キリスト教を公認して利用したいという面がありました。

本来、キリスト教は輪廻、つまり魂の生まれ変わりを認めていたわけです。ところが為政者の立場から見ると輪廻というのは困る。それよりも現世で頑張ってもらわなければいけないわけです。そこで325年に、いまのトルコのニケーアという場所にカトリックの上役を集めて公会議を開き『新約聖書』を改ざんしたんですね。

だからよく読むと、不自然なところがたくさんあるわけです。

四福音書（イエスの生涯を描いた『新約聖書』のうち、「マタイ」「マルコ」「ルカ」「ヨハネ」の4つの福音書のこと）をよく読めば、そこには輪廻についても描かれているのですが、そうした思想が消されてしまっているのです。

あるいは381年にテオドシウス帝が召集したコンスタンティノープル公会議で正統教義と認められた三位一体《さんみいったい》説にしてもそうです。これは神には父と子と聖霊という3つの顔があるとする教えなわけですが、やはり教義によって神・キリスト・聖霊の解釈がいろいろと異なってしまっています。でも、そうではないでしょう。わざわざ教義で分けるものではなくて、神人一如でいいはずです。

それから「最後の審判」についても変えてしまっていて、そもそも人間の原罪について書かれてあるものは、基本的に誤りなのですね。それを後生大事に信じてしまう。そういう感性にこそ、疑いを持たなければいけないと思います。

並木　「罪深いわれわれは……」というところが出発点になってしまっているので、そこから逃れられなくなってしまった、というわけですよね。だから懺悔《ざんげ》もするし、罪もあがなうわけです。でも、そういう罪悪感や無価値感こそ、僕たちをコントロールするのにはものすごく都合がいいし、役立ってきたわけです。

またそうしたコントロールができるから、彼らは好き勝手に改ざんもするのです。

矢作先生がおっしゃるように、普通に、素直に読んでいけばわかることです。

「これ、おかしいな？」って。

たとえばイエスがある人のところに訪ねていったとき、「私は前にもあなた方の前に来た。でもそのとき、あなた方は気づかなかった」といいます。

この言葉はじつは、輪廻転生を表したものなのです。

「前に来たってどういうこと？　3年前に訪れたということかしら？」――そうではないのです。

このように、「あれ？　これはおかしいな。矛盾しているな」と感じたところには、必ず改ざんが行われていると思っていいでしょう。

「遺憾に思う」はもう止めるべき

矢作　ほかに差しさわりのないことで、何か捏造のケースはありましたか？

並木　その言葉はもう、忘れてくれているのかなと思っていたのですけど。

そうですね、たとえば、ある国とある国が、まるで仇であるかのように敵味方に分かれて戦っているとします。国民や周辺諸国は、そこに本当に戦うべき相手がいて、実際にニュースで世界を賑わしてもいます。でも、自分たちの思惑を有利に進めていくための、完全な捏造である、ということもあるわけです。ただ、ここにはネガティブな面、ポジティブな面の両方が存在しているのですが。

矢作　あえてつけ加えさせていただきますが、これはあくまでもたとえです。念のため。

いま朝鮮半島をめぐる問題があるとします。これは対日本という意味ではありません。単純に朝鮮半島という地域に対して、だれがあとを引き継ぐのか、引き受けるのか、ということです。

これまでそれは、中華人民共和国の役割でした。

それがこれから先はロシアになるのか、あるいはアメリカはどう動くのかといったときに、言葉は悪いのですが、結局はお仲間どうしで決めてやっているわけです。いま3つの国の名前を挙げましたが、胴元になってるところはほかにあります。それも皆、わかってやっているわけです。

1年に1回、しかるべき人たちが世界の動きを決めるビルダーバーグ会議というものがありますね。金融関係でいうと、各国のGDPもそこで先に決められてしまっているのですね。あのリーマン・ショックにしても、ある日突然に起こったわけではなく、世界のしかるべき人がすでに決めていたことです。

もちろんいまいった国々はこの会議のメンバーに入っています。でも、日本は入れません。日本は独立国と見なされていないから、入れないのです。呼ばれないんですね。それが世界の実態であり、現実です。

言葉は悪いのですが、上のほうは皆、お仲間です。お互いに差し支えのない範囲で争っているだけです。そういう表面のドタバタに目を奪われないようにしなければいけないと思うのです。あ、ここまでいってもいいんですよね？

並木　それはいってもいいと思います。

彼らはつまり、ありもしない敵をでっちあげているわけですから。しかも、さも脅威であるかのように。

矢作　私は比較的、平気で言葉にしてしまうのですが、危なかったですか？

並木　危なくないです、大丈夫。危なかったら「上」から止めが入るので。

矢作　それならよかったです。

でもまあ、これは事実に基づいていっていることなので、それについて知ることには特殊な能力など必要ないかと思います。だから読者の皆さんも、安心して心にとめておいていただけたらと思います。

いまも昔も、世界で起こっていることはすべて、争いをかき立てるような方向で行われています。政府レベルよりはるかに上の人たちは、それをぜんぶわかっているのです。ただ、政府レベルになると、国会議員であっても、何もわからない人もたくさんいるわけです。

私たちとしては、意識を上げていくのと同時に、何もわからずに動かされているだけでやられてしまうことのないように、世の動きに注意を払い、最低限やれることだけでもしていかなければなりません。これをプロテクション、つまり防御といいますが、現実世界ではとても重要なことです。

大調和に向かう途上、現実にはある期間〝力こそ正義〟の世界の中で他国が威嚇《いかく》をためらう程度の自衛力と外交力が必要ですね。例えばTHAADミサイル配備や中華人民共和国包囲網である「インド太平洋構想」への参加を断るなど蝙蝠《こうもり》のような態度をとってきた大韓民国を米国がとうとう見放しました。こんな大韓民国とは日本も、かなり近い未来にしっかり距離を取りそうな感じがするのですが……。そんな感じでいいのですね？

並木　近いうちに、ということですね？　そうです。

矢作　そのときには間違ってもつまらないところへ、つまり自分から土俵の下に降りていくようなことなどないように注意しなければなりません。

いままでの政府のようにいつでも「遺憾に思います」という曖昧なリアクションだけでズルズルと悪い関係を続けてはいけません。ものごとがわからない相手に妙な慈悲心のようなものを出して、たとえば好きでもない女性に「もしかしたら君のことが好きかもしれない」と曖昧な言葉をいうのではなく、「残念だけど僕は君とは付き合えない」と伝えて距離を置くことは、すごく大事なのではないかと思います。

並木　そうです。そして問題は、世界は決して見たままの姿ではない、ということです。

わかりやすいのは「暴動発生」というニュースでしょう。そんなところに行くと危険ですよといわれていても、実際に行ってみたら全然平気だったということはよくあるわけです。メディアはあおりますよね、大げさに。それはあたかも、一部で起こっていることがさも全体で起こっているかのように、です。知らない人には、本当のことのように見えるでしょう。

そういうトリックのなかで、ひとつの出来事だけをクローズアップして、「戦争が起こるかもしれない」なんていわれれば、多くの人が「どうしらいいの？」と、不安になるでしょう。そういう思考、意識のエネルギーを利用して、まだ実際に起こってもいないことを起こさせようとするのが、「彼ら」の狙いであり手口なのですから。

だからこそ、そういう情報操作に乗らない高い意識の人が増えていくことで、「彼ら」の計画も崩れていくのです。

日本を巡《めぐ》る地政学

矢作　少し下卑た話になってしまったら恐縮なのですが、この世界には地政学というものがあります。どこに大陸があってどんな民族が住んでいて、どこにどんな国があるのか、そしてそれが政治的、軍事的、経済的な影響を国家に対してどのように与えるのか、それを研究する学問です。

さて、それで日本の隣にはいまもいろいろと問題になっている大韓民国があります。彼らが訳のわからないことばかりするので、嫌だなと感じている人は決して少なくないと思います。それから中華人民共和国もいろいろとあって、たとえば他国の機関や企業から個人にいたるまで情報を盗んだりしています。これに対しても、同じように嫌だなと感じる人はたくさんいるはずです。

そうなると問題はそのときに、「日本は調和の心の国だから、あえて調和の心でやっていきましょう」という主張が出てくることです。

しかし、この世はそのように単純なものではなく、理想と現実のバランスを取りながらやっていく必要があります。

そして、これはあくまでもプロテクション、防衛の話であって、私たちの意識が少々上がるだけでは、すぐに具体的かつ物理的なプロテクションはできませんから。

つまり、意識を上げるだけでなく、現実的なことも同時にやっていく必要があるのではないかと思うのです。

並木　それについては、いまできる最善のことはやっておく必要がありますね。それと同時に意識の周波数を上げていくようにするわけです。

矢作　両方を同時にやっていくことが大事だということですね。なぜこんなことをいうのかというと、とかく精神世界の方々は理想、目的に一直線に行こうとする傾向が強いと感じるからです。でも現実というのは学びの場であって、当然、それほど単純ではありません。ですからいろいろなことをやっていかなければいけない。やはりそういう理解でいいわけですね。

並木　それはつまり、知恵や工夫ということをいかに現実に取りこんでいくかというお話ですよね。そのプロセスのなかで、僕は地球が大きな転換期を迎えているというお話をずっとさせていただいているのですが、その過程においてもいろいろなことが動いているわけです。

ですからこれらの時代は、僕たちにとって、ひとつの受難のようだと思える部分もかなりあるはずです。

「なぜ、こんなひどいことばかり起こってしまうのだろう？」

その疑問に対する答えは、すでにお話しした脳の問題に戻っていきます。つまり、僕たちがまだ気づいていない、脳の奥、つまり小脳に潜在している能力を引きだすために、ものすごく有効だからなのです。

地球では、これからまだいろいろなことが起こります。天災や人災なども含めて、大規模な事件が起きてくることになります。そういうことに直面して初めて、僕たちは真の力を発揮することができるようになるからです。そして、それこそが目を醒まし、アセンションしていくことにつながるのです。

このアセンションというのは目を醒ますということとは、在り方も何もかもが、まったく異次元であることを知ってください。たとえばいまこの場所に津波がドンッと押し寄せてきたとしても、平然と呼吸していられるということです。もし、火の手が迫って来たとしても、何事もなく存在できるということです。

そんな馬鹿なことがあるはずがない……多くの人は、そう言うでしょう。でも、アセンションというプロセスは、僕たちの常識をまったく超えたところにあるのだということをお伝えするために、あえて、お話をさせていただいたのです。なぜなら、今の僕たちからしたら、とても異質なわけですから、一度「常識の枠」を壊す必要があるからです。一度では足らないですね……何度も。ですので「そんなことあるわけがない……」――もしもそう決めつけてしまったなら、その人はアセンションへ向かう可能性そのものを手放してしまうことになります。だから、もし今世アセンションを成し遂げたいと願うのであれば、「今の自分の知識や常識では、全く捉えることのできない世界にシフトすること、まるで魔法の世界のような次元に入っていくこと」が、アセンションするということなのだ、と頭の片隅に入れておいてください。言い方を換えると、僕たちには、それほどすばらしい可能性が、意識の奥底に眠っているのだ、ということです。

アセンションというと、次元上昇するとか光に満ちた輝かしい世界に移行するとか、愛と調和に満ちたすばらしい世界になるとか、表面的な部分で語られることが多いですが、あくまでも本質は、僕たちが自分自身の限界を自ら超えていくこと――それがアセンションなのです。

だから何があっても、たとえここで大地殻変動が起こっても、自分の足下だけは揺らさないのです。

つまり、これだけの意識になるというのは、ある意味でそう簡単なことではない、ということです。厳しく聞こえるかもしれませんが、いわゆる「火事場の馬鹿力」というのは、実際に火事という危機に遭遇しなければ出せません。そしてたとえではなく、本当にそうなのです。そういう強い危機感、命の存続に関わる切迫感、そういう意識が僕たちをアセンションさせるのです。

ただしこれらはあくまでも極論であって、あくまでも最悪の事態に対するお話です。そこまでしなくてもしっかりと意志を決めて、意識レベルを上げて潜在能力を引きだそうと決めるところから始めればいいのです。それは決してできないことではないはずです。先ほどもいいましたが、それを決心した人は、最終的には間違いなく100パーセント、アセンションが可能になります。

そうするためにはそういう世界、あるいは「真実」があることを理解して、本気でそこに向かっていきたいと願うかどうかが鍵になります。

矢作　まさにそうですね。たとえばディスインフォメーションといいますか、いわゆる闇の人たちというのは、私たちが光の世界の存在に気づかないように、そしてアセンションを邪魔するために、さまざまな工作行為をしていますね。

こういうものに影響されないようにするには、やはり自分に一致して生きるということですね。

並木　これもいつもお話ししているように、自分軸という自己の本質と一致していかなければ、この意識には到達できません。具体的には、これも繰り返しになりますが、大脳から中脳、さらには小脳へと意識を移行させ、脳の使用部位を変えていかなければならないのです。それには自身の波動を上げ、ハイヤーセルフと呼ばれる真実の自己と融合するということが絶対的に必要となります。

ここでゼロポイント（プラスとマイナス、両極のエネルギーのバランスがとれた中立の状態）の意識が大切になってくるのです。矢作先生がおっしゃる「中今」という言葉ですね。

重要なのは、エクササイズがそれを可能にしていくということです。

僕たちはもともとゼロポイントにいたのです。ですから、エクササイズによって思いだすことができる。

ゼロポイントに触れると、自分のなかで、どこか懐かしいような感覚がわいてきます。違いや変化を確かに感じる、というような感覚が得られるのです。

それから僕がよくいっているのが「統合」です。僕たちがこの地球にやってきてからずっと使いつづけている、地球の周波数があります。それは不安や心配、罪悪感や無価値感、そして、怖れなどの、一般的にネガティブと呼ばれる周波数です。これを手放していくことも、とても大切なプロセスになります。

もちろん、ほかにもたくさんあるのですが、この部分は、とても大切なポイントになります。

神聖幾何学の秘密

矢作　話があちこちに飛んで恐縮なのですが、フラワーオブライフ、つまり古代の神聖幾何学ですが、これは昔から世界各地に見られる紋様で、生命のすべての情報が秘められているともいわれています。

フラワーオブライフの図

つまり細胞レベルから宇宙レベルまで、この紋様に情報が隠されている、そういう構造になっている、と。

いまでは各地でこういったものを綿棒や木材などで立体化したものをつくる動き、つまり平面の視点から立体の視点で見られるようにするすばらしい活動も盛んになってきています。ただそれは、だれもがやっていかないといけないことというわけではありませんね？　やりたい人がやればいいという理解でよろしいでしょうか？

並木　何ごとにおいても、「これが唯一だ！」というものは存在しません。その意味でも僕たちは、ユニークな存在なのです。

ですから、本当にたくさんの存在があります。つまり、多くの方法ややり方、そして、それぞれの真実があって良いからこそ、これだけたくさんの人が存在し、それぞれの意識がどういう道をたどり、あるいはどういう方法で目醒めていくのか？　またアセンションしていくのか？

たどりつくための方法はひとつではないわけです。

フラワーオブライフにしても、有効な手段のひとつだと僕は感じます。それと同時にそれを取り巻いているいろいろな考え方に対しても、「そのとおり！」と思うことが多々あります。とにかく、それだけが唯一でそれをしないとダメだ、ということはなく、ほかを知ることも役に立ちますので、自分にしっくりくるものを探してみるのも良いでしょう。

ただし、僕たちが共通して取り組んでいく必要のあることが、たったひとつだけあります。それが意識を変えるということなのです。そしてお話ししたように、その方法にはいろいろありますから、フラワーオブライフも、その有効な方法のひとつであると、感じていますし、実際に意識と可能性の拡大を促し、潜在能力を引き出す優れた方法です。もっといえば、「真実」へと導くメソッドであることは間違いありません。

ただ、「これをやらなければダメなのでしょうか？　そうしなければ目醒めることはできないのでしょうか？」と聞かれたなら、「他にも方法はありますよ」と答えます。

矢作　そうですね。それは大きなことですよね。「これしかない！」ということが、人間にとっていかに不安や恐怖をあおる要因になることか。そういうあり方は本質ではないと思います。おっしゃっていただいて、よくわかりました。

並木　意識を変える「しか」ないのです。ここについては、「しか」ありません、とお答えします。

動物の霊力

矢作　では少し、話題を変えましょう。

イヌやネコなど人間に近い動物たちがいます。動物好きな人も多いのではないかと思うのですが、こういう動物はある部分では人間よりも神様に近いのではないか、という人もいます。ただ、神様というと逆に曖昧になってしまうので、「霊性が高い」といい換えたほうがいいかもしれません。

実際のところこういう動物たちは、具体的には多次元のもの、存在を感知する力が強いですね。

そういった能力については、一般の人も理解しておいたらよいのではないかと思っているのですが。

並木　そのなかではネコがとくに、霊的な力が強いですね。というのも、ネコは霊的な世界とより強くつながっているのです。

ですから猫には、いわゆる霊、スピリットが視えます。よく、だれもいない空間に向かってフーッてやっていますよね。僕たちはそういうときに「どうしたの？　大丈夫？　落ち着いて！」などといってなだめようとしますが、そうではないんです。そのときネコは魔を追い祓う魔除けになってくれているのです。

そもそもネコ科の大きな動物、ライオンやトラなどの大きな野生の存在たちは、宇宙から地球に――まあ100パーセントとはいえないのですが――ネガティブな異星人たちがコンタクトをしてこないように見張りをしているのですね。

ですから動物たちにも、それぞれにいろいろな役割があります。クジラも地球に高い周波数を根づかせるために存在しているわけです。だから彼らは、あんなに身体が大きいのです。5次元のエネルギーをドーンとアンカリングさせなければならないからです。でも、クジラだって間もなく地球を去ってしまうかもしれません。イルカと同様、ひと足先にアセンションする可能性もあるわけです。それほど地球はいま、環境から何から大きく変わろうとしているんですね。

矢作　日本ではいまも「伝統だから」といって捕鯨を続けていますが、そろそろ止めてもいいと感じています。

並木　うーん……。やめたほうがいいですね、はい。

矢作　ひと言で伝統といっても、人間の意識の進化と深い関係があるので、まだ守りつづけなければいけない伝統と、状況次第ではもう止めてもいい伝統があると思うのです。伝統というのは必ずしもすべて続けなければいけない、というものではありませんね？

並木　たとえばそれ、を生きるための糧にしている人たちもいらっしゃるわけです。クジラやイルカを食べることをやめたら、食料がなくなってしまうということです。

ですから、一概にやめろということはできません。けれども、クジラたちが地球上でどれほど大きな役割を果たしているのかということ、その部分に意識を向けていくことは大切なのではないかと思います。

矢作　単純に食としてのクジラが好きな人もいるのではないかと思いますから、ただ伝統だというだけではなくて、そういうこともしっかり伝えておきたいですね。

並木　クジラ料理はいまでもけっこうありますからね。昨日行ったお店にもメニューにクジラ料理があって、「あ、クジラが食べられるんだ」と思いました。

でも、波動からいうと僕たち人類と同じカテゴリーに属しますので、ある意味で共食いと同じになってしまいます。そのことは知っておいたほうがいいでしょうね。

第五章

人類における精神の進化について

ハイブリッドの誕生

矢作　今の人類がつくられたとき、つまりごく初期の過程において遺伝子を操作されたときには、一部異星人の遺伝子を入れたというか、それが使われたということもあったのではないですか？

　つまり、地球上にいた人間や動物たちの遺伝子だけではなくて、宇宙からやってきた異星人の遺伝子も私たちの身体のなかに入っているのではないかと思うのですか？

並木　もちろんそうです。何しろこのときの実験では、たくさんの宇宙文明が参加しましたからね。

矢作　不思議なことですが、肉体的には混血しているんですよね。

　本来、生物学の分野では生殖できる、混血できるものだけを「同じ種」というようにとらえていました。でも大昔の地球人の身体は、異星人とも混血できていた。そこは大きく違うという感じがするのですが。

並木　本当にたくさんの異星人が地球にきていました。こと座のベガもそうですし、シリウス、プレアデス……いろいろな惑星から参加してきたんですね。

矢作　肉体をもって3次元に上がれた人たちは混血、ハイブリッド種なので、昔はもう少し強かった部分もあったのでしょうね。ハイブリッド、いわゆる雑種の生命力が強いのと同じでね。

並木　ええ。結局はほとんどがヒューマノイド系、つまりヒト型なんですよ。地球外の知性をもった生命体の多くはそうです。まあ、なかには爬虫類、たとえばカマキリのような姿をした生命体もいますけどね。

過去世の記憶

矢作　これも個人的なことなのですが、私が初めて地上に降りたのは、たぶん３３００年前のモーセの時代、古代イスラエルの失われた10支族のひとつ、アシェルという支族（ヤコブとジルパの間に生まれたアシェルを祖とするグループ）の族長のイドという人間だったときです。このときに初めて、この地上にきたという感覚があります。

並木　そうですね。それまでとは形態が違ったんですね。そういうふうに肉体をもって降りてきたわけですから。

矢作　ただですね……それと同時に高天原のなかのある一柱の意識も感じられたりしたわけです。

並木　どう説明すればいいのでしょうか。

つまり矢作先生が過去世でやってらっしゃったのは、これが正しい表現かどうかはわからないのですが、宗教管理のようなことだったわけです。それも地上ではなく上空から、霊的な存在としての宗教管理を……。

存在形態が違うんです。その時代に存在していたとしても、それぞれで形態がまったく違うのですから。

矢作　だからそれ以前は記憶になかったわけですね？

並木　ええ。ですからもちろん、アトランティスやレムリアのことは知ってはいたということです。ただ、ご自分がそれをその場で体験していないだけです。

矢作　シリウスについても存在はしていたかもしれないが、形態としては個別の人間のような形ではなかったかもしれません。魂の構造は左ページの図のようなのかと。

並木　違う形態として存在していたときに、魂の一部がシリウスにいたということはあり

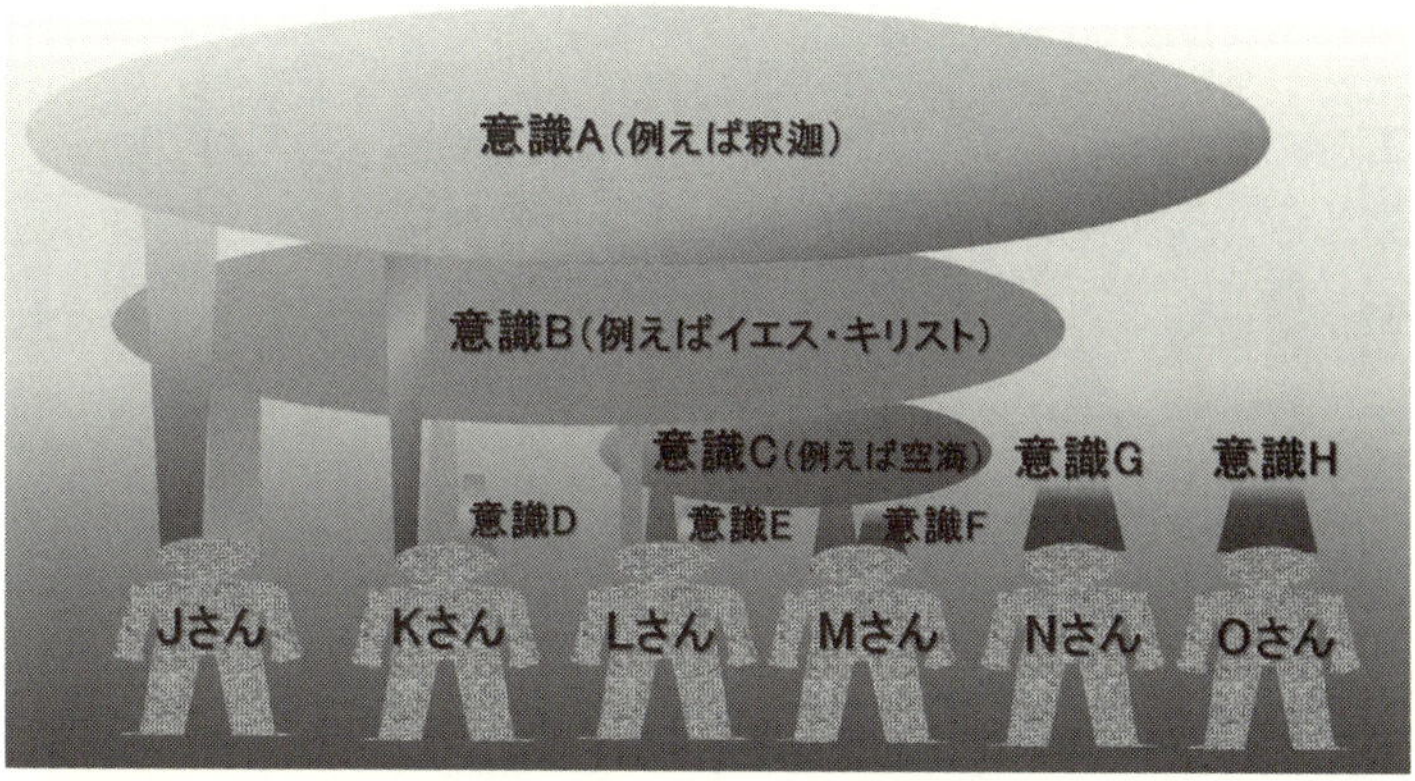

魂の構造

Ｊさんについてみると、意識Ａ（例えば釈迦とする）の一部が入っている。また別の意識Ｂ（例えばイエス・キリスト）の一部が入っている。Ｋさんについてみると、釈迦やイエス・キリストの別の一部が入っている。さらに最近できた個人Ｄ（例えばＫさんの曽祖父）の意識も入っている。Ｊさんからみるとそれが自分かどうかということよりは、そのときの記憶として思い出される。

同様にＬさんも意識Ｂ、意識Ｃ（例えば空海)、意識Ｅ（例えばＬさんの曾祖母）が入っている。比較的新しく生まれたＮさんは少し前の意識Ｇ（例えば3代前の親戚の人）の意識のみが色濃く入っている。Ｏさんも同様である。

得るか、ということですか？　もちろん、あり得ます。
簡単にいうと、先生の魂も多次元的に存在していて、それぞれが同時に違う役割を演じていたんです。そうやって、この人生のために準備をしていたのですね。
まず矢作先生と同じエネルギーを持っている魂が天皇のなかにお2人いて、それは神武天皇と清和天皇なのです。そこがとても色濃く出ています。
矢作　ああ、清和天皇ですか。そうですね。清和天皇の詔《みことのり》を読んだときに、清和天皇の御代に東北地方で起こった貞観《じょうがん》の大地震のあと、あのときの苦しい心持ちがこの間のことのように湧き上がってきました。そういえば身内からは水尾様と呼ばれていたように思います。
並木　ああ、なるほど。矢作先生と同じエネルギーが入っています。それからもうお1人、第十五代もそうですね。
矢作　ああ、応神天皇も……。
並木　ええ。でも神武天皇と清和天皇のエネルギーの濃さとは比べものにならないというか、とにかく初代と第五十六代清和天皇。彼らのエネルギーはものすごく強く入っています。

ただね、過去世ではいろいろな形で関わっているわけで、矢作先生は天皇そのものもそうですが、天皇を教育する係というのもやってらっしゃるんですよ。

矢作　でも、その意識はあまり表に出てこないということですね？

並木　出てこないです。それは「裏のもの」ですから。天皇の教育係として必要な精神的なあり方や作法、そういうものを教えていたのですね。

矢作　そのような大役をしていたとしたら、いまの自分はずいぶん普通すぎる気がしますが。

並木　そこはバランスです。ただ、バランスとはいっても矢作先生は矢作先生であって、確かに派手さはないかもしれませんが、人の上に立つお立場ということでは同じです。それはもう役割の違いであって、どちらが上とか下とかではありませんから。

じつは日本がアメリカを庇護している

矢作　だれもがとても気にかけていることでしょうけれど、日本とアメリカのあり方について、もう少し伺いたいのですが。

並木　「上」が云っているのは、よく「日本はアメリカに庇護されている」といわれますが、実際には「アメリカが日本の庇護のもとにある」のだと。とくに霊的な支えから視たときには、日本がアメリカを庇護していると云います。もちろんいわゆる物理的な力については、アメリカが圧倒的に上なのですが、あくまでも日本がアメリカの「親」だというようなことを云うのです。ボスではなく親、大きな愛でサポートしているのだ、と。それが霊的な世界の理なのだと云っています。

矢作　それは、やがて日本がアメリカを感化し同化してゆくと視えます。

並木　具体的にこれとは云っていませんが、世界を救うような技術が日本から生まれると云うのですね。そうなれば力関係の部分でも逆転が起こることになります。まあ、ここ1〜2年のうちのお話ではないのですが。

矢作　自分も、日本とアメリカの関係は、互いに切り離すことのできない結合双生児の関係なので、今は力では抑え込まれているけれど、やがて日本的精神でアメリカを染まらせる抱き着き作戦をしているといってきました。並木さん、具体的にはどれくらいとお考えですか?

並木　まあ、30年はかからないと思います。

何度もお話ししているように、世の中の動きは加速してきているのです。ですからこれから先は、ものすごいスピードで進んでいくのですね。ただ、そうなるためには日本が本来の力を取り戻さなければいけません。その鍵になるのが縄文だと「上」は云っています。だからこそ、縄文が注目されてきていることにはすごく意味があるんですね。

矢作　普通の感性がある人なら、やっぱり縄文はすごいなって感じますものね。

並木　そうなんです。僕が日本人だからというわけではなく、日本はとても高いポテンシャルを秘めています。日本人には、縄文のDNAというものが存在しているそうです。そこに高いポテンシャルが刻印されているのです。いまはまだ眠っていますが、これからはその封印を解いていかなければならないと云っています。いよいよその流れへと、本格的に動きはじめてきているので、最近では、僕のところにも、それに必要な情報やワークが降りて来ているのです。

ＵＦＯ出現の意味

矢作　人類の意識を揺さぶるために、異星人の乗り物としてのＵＦＯがもっと頻繁に私たちの前に姿を現すとしたら、だいたいいつごろになるのでしょうか？

並木　皆の前にスペースシップとして姿を現すのはいつか、ということでしょうか？　それとも、本当の意味で姿を現す、つまり地上に降りて人類とコミュニケーションをとるという意味ですか？　前者であればすでに起こっていますし、後者であればまだ20年くらいはかかるでしょうね。

矢作　じつは私、先週もUFOを見ているのですが……。

並木　結局のところ、地球外生命体、そして宇宙船＝スペースシップというものは厳然たる事実として存在するわけです。だから、それが空を飛んでいたとしても、全然不思議でも何でもないということになります。問題は実際に地上に降りてくるなどして、UFOが実在するという事実を突きつけられたときでしょう。これはやはり、大きなショックだと思います。

「絶対にUFOなんて存在するわけがない」という人はもちろんでしょうが、「UFOですか？　いると信じていますよ」という程度に信じている人なら、かなりの衝撃を受けることになるでしょうね。

矢作　話が少し違ってしまうのかもしれませんが、たとえば『古事記』には造化三神《ぞうかさんしん》という原初の三柱《みはしら》の神々が出てきます。それから次が、いわゆる神代七代《かみよななよ》で、その最後が伊邪那岐神（イザナギノカミ）、伊邪那美神（イザナミノカミ）となります。そこからあとはもういろいろで、天照大御神（アマテラスオオミカミ）や須佐之男命（スサノオノミコト）などの皇祖神も登場します。

こういう神々はもしかすると、地球上ではなくて宇宙だったり、あるいは別次元だったり、そういうところに存在していたということなのですね。

並木　ええ、一部はある種の宇宙人だったりします。

でも、言い方を換えれば、どれもたどっていくといわゆる「親神」なんですね。だからこそ、重要な役割を果たされている神々なのです。

矢作　これは一部の人の主張をチラリと聞いただけなのですが、あの瀬織津比売命（セオリツヒメノミコト）の相方、つまり夫神は大国主命（オオクニヌシノミコト）だというのですが。

並木　ああ、それははっきりと違います。

神話の嘘

矢作　さっきの捏造ではありませんが、日本神話にも間違いや嘘がたくさんありますね。でも、神話は子供たちにきちんと伝えていかなければならないものですから、とても困るのです。

並木　子供は嘘をすぐに察知しますからね。

矢作　たとえば有名な伊邪那岐神（イザナギノカミ）と伊邪那美神（イザナミノカミ）の話があります。伊邪那美神が死んで黄泉《よみ》の国に行ってしまったので、伊邪那岐神は嘆き悲しんで黄泉の国まで追いかけていきます。その黄泉の国は死者の国で、とても穢れたていた、と。

　でもそれは間違いで、伊邪那美神は先に上の次元に上がってしまったわけですね。

並木　簡単にいうと、そのレベルに伊邪那岐神がついていけなくなってしまったということです。

　ですからここでも、真実というものを捻じ曲げて書いているんですね。

矢作　だから為政者、つまり国を動かす人たちの問題ですね。そもそも自分たちの意識が高ければ、本当のことを書いても、そして人々に教えても何も問題はなかったはずでしょう？　少なくともそれまでは『先代旧事本紀』や『帝紀』、あるいはその前の神代文字で書かれた文献という形で、文字で記されていたわけですから。

並木　そうです。そしてそこには、縄文時代の叡智やテクノロジーについても書かれていたはずです。

もっといえば縄文人は、真実を見抜くことができたんですね。高い精神性と霊性とサイキック能力、これらによって高いレベルとつながっていたのです。

それらを記録していた神代文字には、当時の叡智が暗号として刻まれているという話をすでにしました。

この暗号を解いていく――それが潜在意識レベルでの話なのです。

矢作　まるで『ダヴィンチ・コード』みたいですね。

並木　そうです。『ダヴィンチ・コード』も同じですよ。あれも根底に流れているエネルギーは表面に文字で書かれている以上のものを含んでいて、さまざまな秘密が仕掛けられています。もちろん書きたいと思った真実がすべて書かれているわけでもありませんからね。

レアアースと中国、日本

矢作　日本の心が大きく変われば、これから先、あらゆる問題が解決されていくのでしょうね。

並木　ええ、解決していくでしょう。先ほどもいったように、日本の技術が世界を救うことになるはずです。

矢作　フリーエネルギーもそうだし、微生物もそうだし。

それと、いま中華人民共和国が世界の9割を輸出しているレアアース、貴金属の問題もそうですね。産業のなかでレアアースが占めている割合は微量なのですが、これがなければつくれない、というものがたくさんあります。

ところが困ったことにいまのところ、このレアアースの資源は中華人民共和国に9割もあるんです。埋蔵量が約9割あるといわれていました。

いわれていましたというのは、最近になって、じつは太平洋上の島々の周辺の海底に大量にあることがわかりました。
これから先、もしも日本がまだ大量のレアアースを必要とするのならば、中国から輸入するのではなく、自分たちでこの海底のレアアースを採取できるようになれば、とても心強いと思うのですが。

並木　自分たちで、というのは個人レベルでということですか？

矢作　いえいえ、志の正しい人というか、まあ、科学者でいいと思うのですが、できれば日本という国が海底のレアアースを採取できれば……。

並木　具体的に、場所はどこだといわれているのですか？

矢作　南鳥島。小笠原の父島の東南東1300kmにあります。
東京から約1860キロ南東にあって、日本の領土の一番東端になります。

並木　ああ、なるほど。

矢作　ここの海底に、レアアースがたくさんあるんです。それが最近わかりました。

並木　これは金属っておっしゃいましたっけ？

矢作　ええ、金属です。

並木　なるほど……レアアースかどうかまではわかりませんが、確かに金属的な物質が海底にたくさんあるようですね。

矢作　いまはまだ、それを掘りだすことはできないわけですが、それほど遠くない未来には、中華人民共和国が何かを仕掛けてくるのではないかと思うんですよね。日本がこの貴重な資源を掘りだせないように。

並木　まあ、それは6年くらい先になるかもしれませんね。

それよりもたぶん、中国の独占物としてのレアアースについてですが、これは中国の所有物ではなくなる可能性があります。

矢作　はい、それは確かにそうです。私にも、中華人民共和国は分裂してしまうようには視えますから。

並木　ええ、ですから遠からず、中国のものではなくなりますね。

矢作　いま、中華人民共和国でレアアースが取れているのは東トルキスタンという地域で、もともと漢民族の土地ではないんですね。住民の半数近くはウイグル族で、基本はイスラム教徒です。ですから、中華人民共和国が分裂するとしたら、まっ先に東トルキスタンが中国と分かれてしまう可能性が高いのではないかと思います。

地球は終わらない――中今の力――

並木　やはりその「分裂」というのが、いちばんわかりやすい表現かもしれませんね。中国が分裂するわけです。

そしてそこに、おそらくロシアが関わってくるのだと思います。

矢作　ロシアがアメリカと手を握って、少しずつ世界を誘導していると思われる節もあるので、中華人民共和国が分裂する時期を狙って、ロシアが東トルキスタン一帯を取りにくる可能性は高いと思います。とにかくここは資源がたくさんあるので。

並木　僕には、ロシアが変わるのが視えるんですよね。とにかく、そこも含めて結局はもう、中国のものとはならないようです。

矢作　そうですね、そんなに長くはないですね。

並木　そこで先ほどいった日本の南鳥島ですが、海底の金属が採取できるようになるのは、おそらく２０２４年……そのくらいになると思います。

矢作　であれば、それほど遠くはないですね。

並木　ただ、中国の分裂に関する正確な数字はまだ視えてはいません。けれど、そこにロシアが関わってくるのはやはり間違いないと思います。

矢作　なお、兵器による米中戦争は起こらない、というように私には視えます。もちろん経済戦争としての米中戦は始まっていますが。

並木　まあ、そうなれば地球が終わりますから。

矢作　やはり、そこまで人類もバカではない、ということでしょうか。

並木　ただ、いずれにしても高次元とつながってさえいれば、さまざまな嘘偽りがあったときでも、「あ、これは違う」というふうにすぐにわかるようになります。

矢作　そうですよね。つまり「中今《なかいま》」――いまだけに集中していれば、状況がおかしな方向に行くこともないのだと思います。

並木　ええ、「中今」だけが変える可能性を持っています。

矢作　そうです、そうです。高次元の存在から突然いろいろな力、イマジネーション、インスピレーション、力が与えられる。だから「中今」が大事なんです。縄文人はその「中今」を自由に使えたんですよね。

並木　そこが大切なところですね。基本的なあり方として、すごく大事です。そうなんです、皆がそこに立つことができれば、問題解決なんですね。中今というこの瞬間、そこに常に意識を置いておけば、何も問題はないんです。

【おわりに】

『今、地球は本当に大きな変革のときを迎えています。

これからさまざまな「隠されていた真実」が明るみになり、嘘だと思っていたことが真実で、真実だと疑わなかったことが嘘だったのだと気づくことになるでしょう。

僕たち人類は類い稀なる時代を生きていて、今までは到底不可能だと思い込んでいたことを、実現可能にできるときを迎えているのです。

つまり、今まで封印してきた本来の遺産を取り戻し、使えるようになるわけです。その遺産とは、もちろん「宇宙の叡知」であり「宇宙意識としての自分の、あらゆる才能や能力」を指します。

僕たちが一度、この遺産を取り戻したなら、もう「元の人間には戻れません。」なぜなら、あなたはまったく今までの自分から様変わりし、神なる自分を憶《おも》い出してしまうからです。

本当に長い間、僕たちは「自分が本当は何者であるのか」を存在の奥深くに抑え込み、気づかないようにして来ました。

それは「人間ドラマ」を体験したかったからに他ならず、完全な意識である本来の僕たちには計り知れない魅力がそこにはあったのです。

でも、それも十分に体験し尽くし、そろそろ元の軽やかで自由な意識に戻ろうか……という同意が、地球中で起き始め、今、そのうねりはムーブメントを起こし始めています。

そう、目醒めのムーブメントです。

そして、魂レベルの深い部分での気づきが、地球や僕たち一人ひとりの現実的変化として現れて来ています。

なぜなら、もう今までの地球での眠りの在り方を終わりにしていかない限り、目を醒ましていくことは叶わないからです。

だからこそ、深い眠りの中、忘れ去ってしまった自己の本質を憶い出すべく、既に起こり始めている人類への試練ともいうべきさまざまな動乱を通して、本来持ち合わせている才能や資質を刺激し引き出し、存在の高みへと移行しようとしているのです。

ですので、これから何が起きたとしても「全てが最善へとつながっている。」「何事も最善のために起きている。」ことを心に据え、あらゆる出来事を楽観的に捉えていきましょう。

僕たちは、もう幻想から抜け出し、本来の自分を取り戻すことで、人生を、そして地球を自由自在に謳歌できるところまで来ているのです。

だから大丈夫。自分を信頼してください。
僕たちが向かっていこうとしているその先は、ユートピアといえる、素晴らしい地球へと確実につながっているのですから……。』

並木良和

失われた日本人と人類の記憶

令和元年11月8日　初 版 発 行

著者　　矢作直樹　並木良和
発行人　蟹江幹彦
発行所　株式会社　青林堂
〒150-0002　東京都渋谷区渋谷3-7-6
電話　03-5468-7769
編集協力　中村友紀夫
協力　　アカオアルミ(株)代表取締役会長　赤尾由美
装幀　　TSTJ Inc.
印刷所　中央精版印刷株式会社

Printed in Japan

ISBN 978-4-7926-0662-6